文豪のことば探し辞典

finding
nice
words!

三省堂編修所 編

三省堂

装丁
グリッド有限会社　八十島博明　石川幸彦

本文設計
下野ツヨシ（ツヨシ＊グラフィックス）

組版
株式会社ぷれす

構成・編集
三省堂編修所

校正
中村祐子

編集協力
玉川美咲

前書き

明治からはじまる近代は、時代の画期であるとともに、日本語にとっても大きな変化の時代でした。前代までの文化と伝統の蓄積を担いながら、同時に新しい時代の文物や心性を表現することばが求められ、模索されました。

漱石や鷗外、紅葉・四迷・露伴・鏡花などのいわゆる文豪たちは、この時代の要請を背負いつつ、ことばによる表現に全身全霊取り組みました。その作品を読むとき、テーマと内容の深さに打たれるのはもちろんのことながら、そこで使われることばの数々の彩りにも興味を引かれていることに気づかされます。漢籍などの大量の漢語の知識を背景に、多くの見慣れない語が次々に現れる一方、見知った語でありながら今とは違った意味用法であるものなど、それらの多彩なことばの世界に自ずと魅了されているのではないでしょうか。

本書は、文豪たちの手で紡がれたことばの一端を、『大辞林第四版』の語義と用例から抽出し、ご紹介するものです。文豪たちの作品に埋め込まれた豊かで実り多い豊饒なることばの世界をお楽しみいただければ幸いです。

二〇二三年六月　三省堂編修所

この辞典の使い方

この辞典に収録したことば

『大辞林第四版』の収録語で主に近代の作家の用例があるもののうち約一四〇〇語を選んで掲載しました。一部、新たに用例を加えたものもあります。

この辞典の見方

●仮名見出し、表記、語義解説、用例は『大辞林第四版』に準じています。
●語義解説の複数ある語(多義語)については、作家用例のある語義のみ掲出しました。
●📖用例中の「――」は見出し語を示しています。活用する語は「――」の後に中点(・)で区切って活用語尾を示しました。
●用例の末尾には作家名と作品名を掲出しています。
●その語が季語の場合は、語義の末尾に季のロゴを置き、季節を示しました。
●漢字は、常用漢字表(平成二二年一一月三〇日内閣告示)および表外漢字字体表(平成一二年一二月八日国語審議会答申)に掲げられた字体を使用しています。例えば、前者では「龍」「冨」ではなく「竜」「富」、後者では「鴎」「屏」ではなく「鷗」「屛」となります。

ジャンル分類

●以下の七ジャンルを設け、それぞれに関連する語を分類しました。

情景……山川草木など自然にかかわるものを描写・形容する語
人事・事物……人の属性やいろいろな事物を指す語
動植物……動物・植物にかかわる語
情感……喜怒哀楽など人の感性・感情にかかわる語
活動……動作・行動にかかわる語
様態・様子……人や物の性質・ありさま・様子などをあらわす語
論理・抽象……単位や数量、時間、人称、文法機能などの抽象的概念をあらわす語

索引

●巻末に五十音順の索引を置きました。ジャンル分類をまたいで語を検索する際にお使いいただけます。

文豪たちに選ばれた、豊かで奥深い「ことば」の数々をぜひお楽しみください。

情景一

自然にかかわる描写・形容など

あいたい【靉靆】 雲のたなびくさま。また、雲の厚いさま。
📖紫の雲――と棚引き〈坪内逍遥「細君」〉

あおだたみ【青畳】 おだやかな青々とした海面などをたとえていう語。
📖海を――にして二人で半日〈泉鏡花「歌行灯」〉

あさすず【朝涼】 夏、朝のうちの涼しいとき。季夏
📖――はいつしか過ぎて日かげの熱くなるに〈樋口一葉「たけくらべ」〉
📖明日――に行つたが好いぢやあないか〈幸田露伴「自縄自縛」〉

あぶらでり【油照り】 薄曇りで風がなく、じりじりと蒸し暑い夏の天候。季夏
📖日が――に照りつけて〈谷崎潤一郎「青春物語」〉

いこう【委巷】 曲折した路地。むさくるしいちまた。
📖明道の執見僻説、――の曲士の若し〈幸田露伴「運命」〉

いす【夷す】 平らになる。また、平らにする。
📖此山の――・して平原に下る所は〈徳富蘆花「順礼紀行」〉

いついつ【汨汨】 水が速く流れるさま。
📖利根の川水日夜に流れて滔々――〈幸田露伴「平将門」〉

いんいん【隠隠】 音のとどろくさま。
📖雷――として鳴り初めぬ〈徳富蘆花「自然と人生」〉

いんいん【殷殷】 音のとどろくさま。
📖――として雷の響〈泉鏡花「高野聖」〉

いんう【淫雨】 長く降り続く雨。長雨。霖雨（りんう）。

📖——晴る〈永井荷風「断腸亭日乗」〉

いんうん【氤氳】 天地の気が盛んなさま。

📖——たる瞑氛（めいふん）が散るともなしに四肢五体に纏綿して〈夏目漱石「草枕」〉

📖天地の——交錯して万象おのづから生ずるを〈幸田露伴「評釈曠野」〉

いんしん【陰森】 ①樹木が茂り日をさえぎって暗いさま。

📖——として日の光さへ薄く〈内田魯庵「くれの廿八日」〉

②うすぐらく、静かでものさびしいさま。

📖部屋は——として物凄く〈内田魯庵「罪と罰」〉

うい【雨意】 雨が降りそうなようす。雨模様。雨気。

📖陰晴定らず——天に満つ〈永井荷風「断腸亭日乗」〉

うつおう【鬱蓊】 草木が盛んに生い茂るさま。

📖——たる森林の、影いと暗き隙間を〈坪内逍遥「慨世士伝」〉

うっそう【鬱蒼・鬱葱】 草や木がこんもりと茂るさま。

📖油蟬の声は御殿の池をめぐる——たる木立ちの方から沁み入るやうに聞えてゐた〈有島武郎「或る女」〉

うなづら【海面】 海の表面。かいめん。

📖藍なす——を見わたしながら〈幸田露伴「雪紛々」〉

うんえんひどう【雲煙飛動】 雲や煙が目の前を過ぎてゆくさま。自然の風物。

📖──の趣も眼に入らぬ〈夏目漱石「草枕」〉

うんとう【雲濤】 水平線に打ち重なって見える雲と波浪。

📖大洋のまことに涯無き──のさま〈幸田露伴「うつしゑ日記」〉

うんぺいせん【雲平線】 〈「うんぴょうせん」とも〉高度の高い場所から、空と雲との境界として水平線のように眺望できる線。

📖雲の海のはてはだんだん平らになる　それは一つの──をつくるのだ〈宮沢賢治「東岩手火山」〉

えいしょく【盈昃】 満ちることと欠けること。

📖潮や節や月の──や〈幸田露伴「努力論」〉

えんえん【湲湲】 水のよどみなく流れるさま。

📖流水の──たるは惆悵（ちゅうちょう）の響をなす〈東海散士「佳人之奇遇」〉

えんえん【蜿蜒】 ヘビなどがうねり行くさま。また、うねうねと長く続くさま。

📖愛宕の山脈が──と連なつて〈谷崎潤一郎「朱雀日記」〉

えんけん【偃蹇】 高くそびえるさま。

📖──として澗底に嘯く松が枝〈夏目漱石「薤露行」〉

おううつ【蓊鬱】 草や木が盛んに茂っているさま。

📖左右は──たるマホガニイの大森林で〈内田魯庵「くれの廿八日」〉

おうおう【泱泱】 水面が広々としているさま。

📖──たる河水の、…流れ流れ流れて〈徳富蘆花「自然と人生」〉

おうぜん【蓊然】 草木が盛んに生い茂るさま。

📖檜樹（かいじゅ）――たるの下に〈志賀重昂「日本風景論」〉

おうも【蓊茂】 草木が盛んに生い茂ること。

📖此時に際して樹木――して〈幸田露伴「一国の首都」〉

おうよう【汪洋】（海や河などの）水量が豊富で、広々としているさま。ゆったりとして広大なさま。

📖――として光つてゐる大河へ〈二葉亭四迷「片恋」〉

📖――たる詞海想海の何処に漂ふとも〈徳富蘆花「思出の記」〉

がいがい【皚皚】 霜・雪の一面に白く見えるさま。

📖白雪――として山頂を被ふ〈志賀重昂「日本風景論」〉

📖――たる雪の下に〈泉鏡花「冠弥左衛門」〉

かいかつ【開豁】 眺めが広々と開けているさま。

📖――なる広野の外に〈田口卯吉「日本開化小史」〉

かいけい【海景】 海の景色・風景。

📖冬のさびしい――が泣いて居るではないか〈萩原朔太郎「まどろすの歌」〉

かいこう【海光】 海面が日光に照りかがやくこと。

📖空気特に乾燥、天色――転た朗かに〈志賀重昂「日本風景論」〉

がいこう【外光】 戸外の太陽光線。外光線。

📖五月のきんいろの――のなかで〈宮沢賢治「小岩井農場」〉

かいめい【晦冥】 くらいこと。くらやみになること。まっくらやみ。

📖深黒(しんこく)――にして、その奇景の一端を窺見(うかがいみ)ること能はず〈田山花袋「日光山の奥」〉

かいもう【晦濛】 雲などがたちこめてできる暗がり。
📖彼の心は頭上の空より、更に――の底へ沈んでゐた〈芥川竜之介「素戔嗚尊」〉

がが【峨峨】 山などの険しくそびえ立つさま。
📖山脈――として相ひ連なり〈矢野竜渓「浮城物語」〉

かくえき【赫奕】
①光り輝くさま。かくやく。
📖錦の御帯金色――たりしとかや〈幸田露伴「風流仏」〉
📖銀色――として鰹あり〈泉鏡花「起誓文」〉
②物事の盛んな・こと(さま)。
📖王威――の極に達し〈福沢諭吉「文明論之概略」〉

かくしゃく【赫灼】 光り輝くさま。
📖光明――として輝く〈樋口一葉「うもれ木」〉

かげつ【花月】 自然の景物。また、風流ごと。
📖目前の――の天地を楽しげに打看るのみの様子なるに〈幸田露伴「風流微塵蔵」〉

かげつ【夏月】 夏の月。夏の季節。
📖――花ありといふ時節も丁度今なんだけれども〈泉鏡花「黒百合」〉

かつぜん【豁然】 ぱっと開けるさま。ひろびろとしたさま。
📖東は眺望――と開きて〈正岡子規「獺祭

書屋俳話」〉

がんけい【岩頸】〈「火山岩頸」の略〉火山体が浸食されて、火道を満たしていた溶岩などが塔状に露出して残った岩体。岩栓（がんせん）。

📖山はぼんやり　──だつて岩鐘（がんしょう）だつて　みんな時間のないころのゆめをみてゐるのだ〈宮沢賢治「雲の信号」〉

かんじゃく【閑寂】もの静かなさま。静かで趣のあるさま。かんせき。

📖この──な室内の光線はうす紅く〈萩原朔太郎「薄暮の部屋」〉

かんなぎ【寒凪】寒中の、風がなく波がおだやかな日和（ひより）。冬凪。季冬

📖──の帆を下ろし帆柱〈尾崎放哉〉

ぎが【巍峨】山などの高くそびえるさま。

📖近南に別山──として峭立（しょうりつ）し〈志賀重昂「日本風景論」〉

きき【暉暉】日光が照り輝くさま。

📖太陽特に──たるは〈井上勤「月世界旅行」〉

ぎぎ【巍巍・魏魏】高く大きいさま。

📖──と雲を凌ぐ高楼〈末広鉄腸「花間鶯」〉

きしょう【奇峭】山などがけわしくそびえ立っていること。転じて、人の性格などが鋭く厳しいこと。また、そのさま。

📖山姿──といふにはあらねど〈幸田露伴「易心後語」〉

📖彼も一種の──な性格である〈森鷗外「ヰタ・セクスアリス」〉

ぎぜん【巍然】高くそびえ立つさま。抜きんでて偉大なさま。

📖五重──と聳えしさま〈幸田露伴「五重

塔」〉

きつきつ【屹屹】 山の高くそびえ立つさま。また、様子・態度が厳しいさま。屹然。

📖編輯記者の――として原稿に対する机〈内田魯庵「社会百面相」〉

きほう【危峰】 高くそびえて険しい峰。

📖此処より仰望せば――怪嶺簇々（そうそう）として聳立（しょうりつ）し〈志賀重昂「日本風景論」〉

きゅうさん【急霰】 にわかに降るはげしいあられ。また、その音。きゅうせん。

📖群衆の中に――の如き拍手起る〈谷崎潤一郎「象」〉

きゅうしゅん【急峻】 傾斜が急で険しい・こと（さま）。

📖――立てるが如き勾配〈田山花袋「日光山の奥」〉

きゅうたん【急湍】 流れの急な瀬。早瀬。急灘（きゅうだん）。

📖末は高原川の――になる〈小島烏水「日本北アルプス縦断記」〉

きょうきょう【皎皎】 明るく光り輝くさま。特に、太陽・月・雪などにいう。こうこう。

📖――たる望月（もちづき）、黄金の船の如く〈森鷗外「即興詩人」〉

ぎょうむ【暁霧】 明け方の霧。朝霧。

📖東天白み、――次第に晴るゝ頃〈徳富蘆花「寄生木」〉

きょくえい【旭影】 朝のぼる太陽。また、その光。

📖――三竿（かん）、湖上に昇り〈織田純一郎「花柳春話」〉

くうかつ【空闊・空豁】 ひろびろとひら

けたさま。

📖熊本郊外の――にして美なるを驚嘆す〈国木田独歩「欺かざるの記」〉

ぐえん【虞淵】 太陽の沈むところ。

📖若し日の既に――に没して後〈幸田露伴「努力論」〉

くもあし【雲脚・雲足】 雨雲の低く垂れて見えるもの。

📖――の低(た)れた割には容易に雨も来ず〈山田美妙「戸隠山紀行」〉

くもで【蜘蛛手】 蜘蛛の足のように四方八方に出ていること。放射状に広がり、または組み合わされている状態。

📖みんなの眺めてゐる空の一角に、ときどき目のさめるやうな美しい光が――にぱあつと弾けては、又ぱあつと消えてゆくのを見ながら〈堀辰雄「幼年時代」〉

けいらい【軽雷】 かすかな雷鳴。

📖驟雨――あり〈永井荷風「断腸亭日乗」〉

けつりょう【泬寥】 雲ひとつなく、晴れわたっているさま。

📖――たる春夜の真中(かまな)に、和尚ははたと掌を拍(う)つ〈夏目漱石「草枕」〉

けんけん【涓涓】 小川などの水の細く流れるさま。ちょろちょろ。

📖――たる細流跳(どお)つても越えつべし〈徳富蘆花「青蘆集」〉

けんこん【乾坤】 天と地。

📖暗(みや)に慣れたる一同の眼には――一時に明るむかと疑るる〈黒岩涙香「鉄仮面」〉

こうう【紅雨】 赤い花の散るさまを雨にたと

えていう語。

📖落花、乱点して——の如く〈志賀重昂「日本風景論」〉

こうう【膏雨】 農作物をうるおす雨。よいしめり。滋雨。甘雨。

📖仁風——の恵を得て〈幸田露伴「風流微塵蔵」〉

こううん【香雲】 満開の桜花を雲に見立てていう語。

📖——既に靉靆（あいたい）たり〈永井荷風「断腸亭日乗」〉

こうこう【浩浩】 水の豊かにみなぎり広がるさま。

📖海は空と、風は潮と、まるで一になつて、——として〈徳富蘆花「自然と人生」〉

こうこう【杲杲】 日光が明るく照るさま。

📖朝日——とさし上りて〈徳富蘆花「自然と人生」〉

こうさいりくり【光彩陸離】 光が美しく入り乱れ、まばゆいばかりに輝くさま。まぶしいほど輝かしいさま。

📖——たる矢鱈（やたら）に奇麗なものだ〈夏目漱石「趣味の遺伝」〉

こうすう【高崇】 高くそびえるさま。また、けだかいさま。

📖——たる山脈の聳立（しょうりつ）するを以て〈志賀重昂「日本風景論」〉

こうせい【好晴】 気持ちよく晴れわたること。快晴。

📖午後——に乗じて墨堤を歩し〈永井荷風「断腸亭日乗」〉

こうぜん【皓然・皎然】 白々と明るく輝

くさま。

📖秋月の――として浮び出づる〈志賀重昂「日本風景論」〉

こうゆ【膏腴】 地味が肥えているさま。また、その土地。膏沃。

📖――なる土壌〈志賀重昂「日本風景論」〉

こうよう【洸洋・潢洋】（海・川・湖などが）深くて広いさま。

📖――たる蒼海〈夏目漱石「草枕」〉

📖湖水清澹、北に望めば天を極め――たり〈久米邦武「米欧回覧実記」〉

こつぜん【兀然】 山などが高くつき出ているさま。ごつぜん。

📖――として現はれ出でたる富士〈正岡子規「獺祭書屋俳話」〉

こながれ【小流れ】 小さな川の流れ。小川。

しょうりゅう。

📖谷間の――には、菖蒲（あやめ）、燕子花（かきつばた）が一杯咲く〈泉鏡花「化鳥」〉

こんこく【昏黒】 日が暮れて暗くなること。日没。

📖――壺中庵に行き一宿す〈永井荷風「断腸亭日乗」〉

こんよ【坤輿】 大地。地球。坤儀。

📖男児は――を周る大事業にても革嚢一箇を携れば事足るれど〈川島忠之助「八十日間世界一周」〉

さいさい【灑灑】 水などがそそぎ落ちるさま。

📖懸瀑――砕雨をなす処〈志賀重昂「日本風景論」〉

さいしょうのぐ【済勝の具】 景色のすぐれた土地を巡り歩くことのできる健脚。

📖いざ我が――の渠(かれ)に劣らぬを証せん〈森鷗外「即興詩人」〉

さが【嵯峨】 山などの高く険しいさま。

📖剣山(けんざん)は岩石――たる奇峰で〈桜井忠温「肉弾」〉

さくふう【朔風】 北風。季冬

📖――砂塵を捲き寒亦加はる〈永井荷風「断腸亭日乗」〉

さくりつ【削立】 けずったように鋭くそびえること。

📖山骨の――せる処〈大町桂月「十和田湖」〉

ささ【嵯嵯】 高くけわしいさま。

📖岩が真直に池の底から突き出して…――と構へる〈夏目漱石「草枕」〉

さつぜん【颯然】 風がさっと吹くさま。

📖冷き風――として面(おもて)を撲(う)つ〈永井荷風「あめりか物語」〉

さやけし【明けし・清けし】 気候はさわやかで大気は清澄、万物は見た目にもはっきりしている。あざやかである。季秋

📖月影――・く、空の色青く〈森鷗外「即興詩人」〉

さんがん【巉岏】 山がするどくそびえ立つさま。

📖――と、あら削りの柱の如く聳えるのが天狗岩だそうだ〈夏目漱石「草枕」〉

ざんくん【残曛】 日没後も照り映えて残る夕日の光。残照。

📖富士の東北に唯一抹朱黄色の――を剰(まあ)したるのみにて〈徳富蘆花「自然と人生」〉

さんさん【珊珊】 輝いて美しいさま。

📖細瀑小瀑の――として濺げるは〈尾崎紅葉「金色夜叉」〉

ざんざん【巉巉】 高くけわしいさま。
📖――の岩猶清水を通はす如く〈徳富蘆花「名婦鑑」〉

ざんせい【残星】 夜明けの空に残っている星。有明の星。
📖斯くて――光を失ひ棲鳥塒を出て〈矢野竜渓「経国美談」〉

ざんぜつ【嶄絶・巉絶】 山が切りたってけわしいさま。
📖――なる海角を刻出し〈志賀重昂「日本風景論」〉

じいき【地息】 地面からたちのぼる水蒸気。
📖草からあがる――で身体は冷えてゐた〈夏目漱石「三四郎」〉

しう【糸雨】 糸のような細い雨。細雨（さいう）。霧雨（きりさめ）。
📖――残梅に滴る〈永井荷風「断腸亭日乗」〉

しつらい【疾雷】 急に鳴り響く激しい雷。
📖雨ありて――一声〈依田学海「学海日録」〉

しのをつく【篠を突く】 篠竹が突き立つように雨が激しく降る。篠突く。
📖雨が――・く様ですし〈石川啄木「雲は天才である」〉

しゅうき【秋気】 秋のけはい。秋らしい感じ。
📖けふは朝よりよく晴、頗る――を催せり〈依田学海「学海日録」〉

しゅうしょ【秋暑】 残暑。立秋後まで残る暑さ。
📖――熾（さかん）なり〈永井荷風「断腸亭日乗」〉

しゅうせい【秋霽】 秋の空が晴れ渡っている

こと。

📖此の——の朗らかに闊くして〈尾崎紅葉「金色夜叉」〉

しゅうりょう【秋涼】 秋、特に初秋のころの涼しさ。季秋

📖雨後——愛すべし〈永井荷風「断腸亭日乗」〉

しゅうりん【秋霖】 秋、幾日にもわたって降り続く雨。秋の長雨。季秋

📖雨ふり出して歇まず。——のごとし〈永井荷風「断腸亭日乗」〉

しゅんい【春意】 春ののどかな気持ち。

📖何処ともなく——動きて、早咲きの梅五六輪〈徳富蘆花「自然と人生」〉

じゅんよう【純陽】 明るい日の光。陽光。

📖——夏野の如き鮮かな輝に満たされた中に〈小栗風葉「青春」〉

じょううん【蒸雲】 わき立つ雲。

📖——天を蔽ひ暑気甚し〈永井荷風「断腸亭日乗」〉

しょうがい【勝概】 素晴らしい景色。勝景。

📖飛鳥山の丘阜は…辛じて昔日の——を想像することができる〈永井荷風「荷風随筆」〉

📖路清く樹緑に、歩歩みな——あり〈久米邦武「米欧回覧実記」〉

しょうげつ【宵月】 夜の月。

📖——あきらかなり〈永井荷風「断腸亭日乗」〉

しょうしつ【蕭瑟】 秋風がものさびしく吹くこと。また、そのようなものさびしい音がすること。さびしいさま。

📖候虫(こうちゅう)の声──たり〈須藤南翠「緑簑談」〉

じょうしょ【蒸暑】 むし暑いこと。

📖此日──甚しく机に向ひ難し〈永井荷風「断腸亭日乗」〉

しょうしょう【瀟瀟】 風雨が激しいさま。

📖雨は──芭蕉葉(ばしょうは)の破れをうつて音高し〈須藤南翠「緑簑談」〉

しょうじょう【蕭条】 ひっそりとしてもの寂しいさま。

📖十一月の近(ちかづ)いたことを思はせるやうな──とした日で〈島崎藤村「破戒」〉

じょうじょう【嫋嫋・裊裊】 風がそよそよと吹くさま。

📖薫風──として菜花(さいか)黄波を揚ぐ〈織田純一郎「花柳春話」〉

しょうぜつ【勝絶】 きわめてすぐれていること。特に、景色の素晴らしいこと。また、その地。

📖月ヶ瀬の梅花を以て──する偶爾(ぐうじ)にあらず〈志賀重昂「日本風景論」〉

しょうぜん【峭然】 けわしいさま。

📖海抜三千八百尺、──たる火口あり〈志賀重昂「日本風景論」〉

しょうりょう【蕭寥】 ひっそりとしてものさびしいさま。

📖室外の天下は──たる秋である〈夏目漱石「野分」〉

じょくしょ【溽暑】 湿気が多く、むし暑いこと。季夏

📖西南の風烈しく──夏日の如し〈永井荷風「断腸亭日乗」〉

しょくしょく【謖謖】 松に風が当たる音を

表す語。

📖——と松風が鳴る〈徳富蘆花「死の蔭に」〉

しょじょ【沮洳】 水はけが悪く、じめじめしていること。また、そうした土地。

📖もと谷地(ちや)即ち——の地であったのだらうし〈幸田露伴「望樹記」〉

しらしら【白白】 薄明るいさま。ほの白く輝いて見えるようす。しらじら。

📖——と氷かがやき千鳥なく釧路の海の冬の月かな〈石川啄木「一握の砂」〉

しんうつ【森鬱・森蔚】 木がうっそうと生い茂っている・こと(さま)。

📖両岸には山嶺蜿蜒(えんえん)として、樹木——なり〈久米邦武「米欧回覧実記」〉

しんすい【深邃】 奥深くて静かな・こと(さま)。深遠。幽邃。

📖悠遠——なる風景〈田山花袋「日光山の奥」〉

しんせい【新晴】 雨あがりの晴天。

📖此中秋は備後も亦——であった〈森鷗外「伊沢蘭軒」〉

しんせき【岑寂】 高くそびえ立ってさびしげな・こと(さま)。また、非常にさびしげな・こと(さま)。

📖夫(それ)より猶も——をまし、岩嶂の勢、次第に嶮(けわ)しく〈久米邦武「米欧回覧実記」〉

しんたん【深潭】 深いふち。深淵。

📖——の崖の上なる紅躑躅(あかつつじ)二人ばつかり照らしけるかも〈北原白秋「雲母集」〉

しんちん【深沈】 夜がふけてゆく・こと(さま)。

📖——の澎気に包まれて、天地悠久の感に撲たれた〈小島烏水「日本北アルプス縦断記」〉

しんゆう【深幽】 奥深くひっそりとしている・こと（さま）。

📖秋の夜の——たる空〈小栗風葉「青春」〉

📖此等の諸山岳たる実に中国東部の景象をして壮大——ならしむるもの〈志賀重昂「日本風景論」〉

しんら【森羅】 数多く並びつらなること。また、そのもの。

📖星辰天に——するの理〈西周「百一新論」〉

すいあい【水靄】 水面にかかるもや。

📖早くも——にぼやけた中には〈芥川竜之介「開化の良人」〉

すいえい【翠影】 青葉の茂った木のかげ。

📖竹樹を隙なく種て、——、水に映ず〈依田学海「学海日録」〉

すいがい【水涯】 水辺（みずべ）。水ぎわ。

📖山径——を過ぎ行く其の心持といふものは〈幸田露伴「穂高岳」〉

すいがい【翠蓋】 みどり色のかさ。葉の茂った木の枝をたとえていう。

📖松は墓標の上に——を翳（ざか）して〈徳富蘆花「不如帰」〉

すいかく【水郭】 川や湖のほとりにある村。水郷。水村。

📖山村——の民、河より海より小舟泛（かう）べて〈国木田独歩「源おぢ」〉

すいてん【水天】 水と空。海と空。

📖陸地の段々に薄くなつて行つて終に——の間に消える〈幸田露伴「ウッチャリ

拾ひ」〉

すいとう【吹到】（風などが）吹いて到達すること。

📖太平洋より――せる水蒸気〈志賀重昂「日本風景論」〉

すいらん【翠巒】 みどりの山。みどり色の連山。

📖――四方を囲繞し、軽井沢の人家緑樹の間に隠見す〈永井荷風「断腸亭日乗」〉

すがれる【尽れる・末枯れる】

①草木などが、冬が近づいて枯れはじめる。

📖人は晩秋(おそあき)の――・れて行くのに、気が付いても〈上田敏「うづまき」〉

②盛りがすぎて衰えはじめる。

📖――・れて見ゆれど、色ある花は匂ひ失せず〈三遊亭円朝「塩原多助一代記」〉

せいけん【晴暄】 晴れて温暖なさま。

📖神辺は此日――で雪が融けかかってゐた〈森鷗外「伊沢蘭軒」〉

せいせい【萋萋】 草木の盛んに茂ったさま。

📖腴草(ゆそう)――として繁茂し〈川島忠之助「八十日間世界一周」〉

せいちょう【青塚・青冢】 青く苔むした塚。

📖殺せし者も、殺されし者も、今は久しく――の下に睡りて〈徳富蘆花「青山白雲」〉

せいと【星斗】 星。星辰。

📖良平は南の方――燦爛(さんらん)たる空を仰いで〈徳富蘆花「寄生木」〉

せいら【星羅】 星が無数に羅列すること。転じて、おびただしくつらなること。

📖満天の――明滅する間に〈内田魯庵「復活」〉

せいらい【清籟】　風が木々を渡る時に起こす清らかな音。

📖一陣の――蕭々（しょうしょう）として起り〈徳富蘆花「自然と人生」〉

せいろう【霽朗】　雨がやんで晴々としている・こと（さま）。

📖此の――なる昼間の山容水態は〈尾崎紅葉「金色夜叉」〉

せいろう【晴朗】　空が晴れて、うらうらとしているさま。

📖或――なる夏日（なつのひ）に〈徳富蘆花「思出の記」〉

せきしょう【夕照】　夕日。また、夕焼け。

📖右側の林の頂は――鮮かにかゞやいて居る〈国木田独歩「武蔵野」〉

せきせき【淅淅】　風の音のするさま。

📖――として樹梢を払ふ風の声に〈末広鉄腸「花間鶯」〉

📖此時金風――として〈幸田露伴「突貫紀行」〉

せきでん【夕電】　夕方のいなびかり。はかないもののたとえ。

📖――朝露とさも無常にいひなせる人の命も〈尾崎紅葉「南無阿弥陀仏」〉

せきよう【夕陽】　夕日。入り日。斜陽。

📖あたりを見ると彼処此処の山尾（やまのお）の小路をのどかな鈴の音――を帯びて人馬幾個（いくつ）となく麓をさして帰りゆくのが数えられる〈国木田独歩「忘れえぬ人々」〉

せきらん【夕嵐】 夕方にたちこめる靄(もや)。ゆうもや。

📖揺曳たる――〈田山花袋「日光山の奥」〉

せきれき【淅瀝】 (風や落葉や降る雪などの音が)哀れでさびしいさま。

📖冬来り、六花――として飛ぶや〈志賀重昂「日本風景論」〉

📖――蕭颯(しょうさつ)たる風をも観じ〈幸田露伴「客舎雑筆」〉

せつい【雪意】 雪の降ろうとする空模様。雪模様。

📖――を催ふして来た田の中道を横ぎつて〈徳富蘆花「思出の記」〉

せっき【夕暉】 夕日の光。夕日。いりひ。

📖常に窓に倚りて――を送れる其家なり〈徳富蘆花「名婦鑑」〉

せんげつ【繊月】 細い形の月。三日月などをいう。

📖三日四日の――を打眺めたる風情〈幸田露伴「評釈冬の日」〉

そううつ【蒼鬱・蒼蔚】 植物が密に茂っているさま。鬱蒼。

📖北に――たる黒森が聳ゆる〈徳富蘆花「寄生木」〉

そうき【霜気】 霜のきびしい冷気。

📖――天に満ちたり〈永井荷風「断腸亭日乗」〉

そうせい【叢生・簇生】 草木などが群がり生えること。ぞくせい。

📖森の奥には雑草や灌木が――して〈山田美妙「戸隠山紀行」〉

そうぜん【蒼然】 夕方の薄暗いさま。

📖——として暮れ行く街の方〈永井荷風「あめりか物語」〉

そうそう【琮琤】 玉が触れ合うような美しい音で水が流れるさま。

📖後渓水声の——たるあり〈菊亭香水「世路日記」〉

そうそう【叢叢】 たくさん集まっているさま。草が群がり生えているさま。

📖——たる薄(すすき)苅萱(かるかや)〈須藤南翠「緑簑談」〉

そうそう【颼颼】 雨や風の音がかすかであるさま。しゅうしゅう。

📖悲風の——として〈織田純一郎「花柳春話」〉

そうびょう【蒼渺】 空・海などが青々として、果てしなく広がるさま。

📖——日耳曼(ゼルマン)海の岸頭に霧いと深く立籠て〈坪内逍遥「春風情話」〉

そうめい【滄溟】 あおあおとした広い海。滄海。

📖半夜孤月を渺茫(びょうぼう)たる——の上に眺めては〈菊亭香水「世路日記」〉

そうらい【草萊】 雑草の茂った土地。荒れはてた地。また、草深い田舎。

📖紅血を——に濺(そそ)ぎ、芳魂(ほうこん)を泥土に委して〈幸田露伴「暴風裏花」〉

📖是の如き才を——に埋めて置かないで〈幸田露伴「平将門」〉

そうらん【層巒】 重なり連なる山々。

📖此の隧道——大岳の腹を鑿(うが)ち〈成島柳北「航西日乗」〉

ぞくせい【簇生・族生】 植物が群がって生えること。叢生(そうせい)。

📖大木稀(まれ)にして、多くは切株より——

せる若木なり〈徳富蘆花「自然と人生」〉

そくそく【蔌蔌】 木の葉などががさがさと音を立てるさま。

📖落葉――たり〈永井荷風「断腸亭日乗」〉

ぞくりつ【簇立】 群がり集まって立つこと。

📖剣の如き小石の――せる岬を剣岩と云ひ〈大町桂月「十和田湖」〉

そばだつ【峙つ・聳つ】 岩・山などが、ほかよりひときわ高くそびえる。

📖緑蔭水畔を彩り危巌四岸に――・ち〈志賀重昂「日本風景論」〉

そより 静かに風などの吹く音や、物が軽く触れ合う音を表す語。

📖一叢の修竹(しゅうちく)が、――と夕風を受けて、余の肩から頭を撫でたので〈夏目漱石「草枕」〉

そらくせ【空癖】 その時期によく見られる天候。

📖日の暮れてより俄に寒くなる事、この頃の――なり〈永井荷風「断腸亭日乗」〉

たいかん【大観】 壮大な景色。偉大な眺め。

📖秋の――を知覚せんや〈志賀重昂「日本風景論」〉

たいしょく【黛色】 山や樹木の青黒い色。黛青。

📖絶頂まで樹木を纏ふて、秀潤の――滴るばかり〈徳富蘆花「みみずのたはこと」〉

たいとう【駘蕩】 おだやかなさま。のどかなさま。

📖――たる春光に心を馳せて〈木下尚江「良人の自白」〉

たいらん【堆藍】 厚塗りされた藍色。

📖高嶺の雪は分けて鮮かに――前にあり、凝黛（ぎょうたい）後にあり〈川上眉山「書記官」〉

たくふう【沢風】 風雨。

📖一団の水仙に化して、心を――の裏（うち）に瞭乱せしむる事もあらうが〈夏目漱石「草枕」〉

たける【長ける・闌ける】 日が高くのぼる。

📖朝日が既に――・けて〈田山花袋「田舎教師」〉

だんうん【断雲】 きれぎれの雲。ちぎれ雲。

📖きららかにきらびやかにみだれて飛ぶ――と〈宮沢賢治「風の偏倚」〉

だんこう【断虹】 きれぎれになった虹。

📖赤城の左腹に――夢の如く見え来りぬ〈徳富蘆花「自然と人生」〉

たんぜん【湛然】 静かに水をたたえているさま。また、静かで動かないさま。

📖――として音なき秋の水に臨むが如く〈夏目漱石「薤露行」〉

ちつちつ【秩秩】 河水の流れゆくさま。

📖ただ――と四囲の好景を映して居るやうで〈幸田露伴「頼朝」〉

📖田疇（でんちゅう）墟落（きょらく）――として画くが如く〈志賀重昂「日本風景論」〉

ちょうくう【長空】 果てしなく広がる空。大空。

📖天風に独嘯して、――に向ひ浩歌せんか〈志賀重昂「日本風景論」〉

ちょうこ【凋枯】 草木が枯れてしぼむこと。枯凋。

📖百草――の候なるに〈久米邦武「米欧回

覧実記」〉

ちょうこう【朝沆】 朝つゆ。

📖――を吸う〈夏目漱石「虞美人草」〉

ちょうさい【凋摧】 草木が枯れおとろえること。

📖蓮荷かれん――すれども〈末広鉄腸「花間鶯」〉

ちょうていきょくほ【長汀曲浦】 まがりくねって長く続いている海浜。

📖海岸に沿うて――の続く限り続いてゐる〈谷崎潤一郎「母を恋ふる記」〉

ちょうも【暢茂】 草木がのびのびとおいしげること。

📖天候多雨、熱帯植物能く――し〈志賀重昂「日本風景論」〉

ちょうろせきでん【朝露夕電】 朝の露と夕方のいなびかり。はかないもののたとえ。

📖――世は果敢かはなし〈泉鏡花「秘妾伝」〉

ちょくしゃ【直瀉】 雨や水などが、勢いよくまっすぐにそそぎおりること。

📖水蒸気は…急激なる斜面を――して〈志賀重昂「日本風景論」〉

ちんちん【沈沈】 物音がなく静かなさま。特に夜が静かにふけてゆくさま。

📖夜色――として転うたた悽愴ものすごきを覚える〈広津柳浪「蜃中楼」〉

ていてい【亭亭】 樹木などの高くそびえているさま。

📖天を封ずる老幹の――と行儀よく並ぶ〈夏目漱石「虞美人草」〉

てきれき【的皪・的歴】 白く鮮明なさま。光り輝くさま。

📖――と近江の湖みうが光つた〈夏目漱石「虞

美人草」〉

📖夕陽白帆に映ず。藕花(ぐうげ)の――たるに似たり〈永井荷風「断腸亭日乗」〉

てんこう【天光】 太陽の光。自然のままの光。

📖命を抛(なげう)つて――を暗黒の民に伝ふる高潔〈徳富蘆花「思出の記」〉

てんさい【天際】 空の果て。はるかかなた。

📖宛も大海に難船し死する外なき水夫等が――に黒き物有るを認め是れ船か是れ雲かと疑ひ〈黒岩涙香「鉄仮面」〉

てんしょく【天色】

①空模様。天気。

📖――暴風の兆を露はし〈川島忠之助「八十日間世界一周」〉

②空の色。

📖――海光転た朗かに〈志賀重昂「日本風景論」〉

てんめい【天明】 明けがた。夜明け。黎明(れいめい)。

📖――に及ぶまで幾時間の戦をつゞけやうとは〈徳富蘆花「寄生木」〉

とうかん【凍寒】 こおりつくような厳しい寒さ。

📖――はナイフのやうに鋭く痛くわれ等の薄着の肌をついた〈葉山嘉樹「海に生くる人々」〉

とうぜん【蕩然】 ひろびろとしているさま。広大なさま。

📖地も天も――として融けむとす〈徳富蘆花「自然と人生」〉

とっこつ【突兀】 物が高く突き出ているさま。山や岩などの険しくそびえているさま。とつこつ。

📖英雄の鼻柱が――として聳えたら〈夏目漱石「吾輩は猫である」〉

📖――たる岩石やら〈二葉亭四迷「片恋」〉

どんりょく【嫩緑】 新芽の緑。若緑。新緑。

📖――の草には蛙鳴き連れて〈幸田露伴「元時代の雑劇」〉

なんぷう【軟風】 そよ風。

📖有るか無きかの――若葉の柳枝を点頭（うなずか）して〈幸田露伴「いさなとり」〉

にいづき【新月】 陰暦で月の初めに見える細い月。しんげつ。

📖美女の眉かとぞ見る――は〈坪内逍遥「当世書生気質」〉

にっぺん【日辺】 太陽のあたり。天上。また、遠い所。

📖猛き鷲は――に到らずして其翼を折けり〈森鷗外「即興詩人」〉

ぬかぼし【糠星】 夜空に散らばって見える、糠のように小さい無数の星。

📖夜の空は群る〻蛍にまがふ――〈徳富蘆花「寄生木」〉

はいぜん【沛然】 雨が盛んに降るさま。

📖驟雨（しゅうう）――として至る〈国木田独歩「欺かざるの記」〉

ばいてん【梅天】 梅雨どきの空。つゆぞら。 季夏

📖淫雨空濛（くうもう）。――に似たり〈永井荷風「断腸亭日乗」〉

はくう【白雨】 明るい空から降る雨。夕立。にわか雨。 季夏

📖暮に及んで――あり〈芥川竜之介「軽井沢日記」〉

ばくえん【邈焉・藐焉】 非常に遠いさま。遠くてはっきりしないさま。
📖――たる大空の百千の提灯を掲げ出せるあるのみ〈島崎藤村「春」〉

はくせい【薄晴】 薄日がさす程度の晴れ。
📖――、風なけれど寒き日なり〈永井荷風「断腸亭日乗」〉

ばくろう【麦隴】 麦畑。
📖――の間に桃林ありて〈永井荷風「断腸亭日乗」〉

はるひ【春日】 春の日。春の陽光。また、春の一日。
📖うららかな――〈夏目漱石「草枕」〉

はんしょう【反照】
①光が照りかえすこと。また、その光。
📖残雪は日光に――してキラ〳〵と輝けども〈末広鉄腸「花間鶯」〉
②色・光・情趣などが互いに照り映えて輝きを増すこと。
📖嵐雪の句…其角の豪壮にして変化するものと相――して〈正岡子規「獺祭書屋俳話」〉

はんそう【繁霜】 きびしい霜。
📖――雪の如し〈永井荷風「断腸亭日乗」〉

バンド【bund】 〈東洋の港町などの〉海岸通り。埠頭(ふとう)。
📖漢口の――を歩いてゐたら〈芥川竜之介「上海游記」〉

ばんらい【万籟】 風に吹かれていろいろのものが立てる音。衆籟。
📖轣轆(れきろく)たる車声、――死せる深夜の寂寞(せきばく)を驚かして〈木下尚江「火の柱」〉

ばんりょう【晩涼】 暑中の宵の涼しさ。季夏
📖――に草とりして居た彼は〈徳富蘆花「みみずのたはこと」〉

びう【微雨】 小降りの雨。小雨。
📖烟るが如くに降れるは――にして〈幸田露伴「評釈春の日」〉

ひかげ【日影】 日の光。日光。日ざし。
📖天井、障子には――が射し〈小杉天外「魔風恋風」〉

びじつ【美日】 天気の良い日。
📖今日は――なり〈徳富蘆花「自然と人生」〉

ひしゅう【悲秋】 もの悲しさにあふれた秋の景色。
📖凋落――の趣を語り尽させ〈徳富蘆花「青蘆集」〉

びせい【美晴】 よく晴れた天候。快晴であるさま。
📖然ども山は応に――なるべし〈遅塚麗水「不二の高根」〉

ひひ【霏霏】 雪や雨が降りしきるさま。
📖細雨――として降り下り〈川島忠之助「八十日間世界一周」〉

ひび【霏微】 雨や雪などが細かに降るさま。
📖春昼無事にして雨――たるの状想見るべし〈幸田露伴「評釈猿蓑」〉

ひみじか【日短】 冬の昼間の短いこと。短日。季冬
📖寒い晴れた――の時〈上田敏「うづまき」〉

びめい【微明】 かすかに明るいこと。うすあかり。
📖山暮れて黒く、空は猶――を含み〈徳富蘆花「自然と人生」〉

びょう【渺】 水の果てしなく広がっているさま。

📖水煙――として、曇らぬ空に雲かと見る〈泉鏡花「歌行灯」〉

ひょうけつ【氷結】 氷が張ること。凍りつくこと。結氷。

📖霜雪小川(こがわ)の水を――せし頃なりき〈内村鑑三「求安録」〉

びょうび【淼瀰】 水面が果てしなく広がっているさま。淼淼。

📖薩河は北に――たり〈久米邦武「米欧回覧実記」〉

ひょうひょう【飄飄】 風に吹かれてひるがえるさま。

📖雪――として降り来りしが〈川島忠之助「八十日間世界一周」〉

ひょうひょう【飆飆】 風が激しく吹くさま。

📖南西の疾風は――として檣桁(しょうこう)に激し〈水野広徳「此一戦」〉

びょうびょう【淼淼】 水面が果てしなく広がっているさま。淼漫。

📖――たる海原に立つ波〈徳富蘆花「自然と人生」〉

びょうびょう【渺渺】 果てしなく広いさま。遠くはるかなさま。

📖――たる平原の尽くる下より〈夏目漱石「趣味の遺伝」〉

びょうぼう【渺茫】 果てしなく広いさま。

📖――として際涯なき大洋〈木下尚江「良人の自白」〉

📖半夜孤月を――たる滄溟(そうめい)の上に眺めては〈菊亭香水「世路日記」〉

びょうぼう【淼茫】 大洋や湖の広々としているさま。
📖 ――無涯の大海岸〈水野広徳「此一戦」〉

ひょうれい【漂零・飄零】 葉や花びらが、風でひらひら落ちること。
📖 野色妍然桃李――して暮春の風光愛す可し〈成島柳北「航西日乗」〉

ひよりぐせ【日和癖】 はっきりしない天気が続くこと。
📖 ――で、曇り勝ち〈泉鏡花「少年行」〉

びんてん【旻天】 空。天。
📖 休養は万物の――から要求して然るべき権利である〈夏目漱石「吾輩は猫である」〉

ぶあい【蕪穢】 雑草などが生い茂って土地が荒れている・こと(さま)。ぶわい。

📖 最も近き道は、最も――なるものなり〈中村正直「西国立志編」〉

ふうしょく【風色】 けしき。ながめ。また、ありさま。風光。
📖 一帯の沿岸、――すべて佳なり〈川上眉山「ふところ日記」〉

ふうどう【風動】 草木などが風にゆれ動くように、他になびき従うこと。また、他を感化すること。
📖 必ず感化――するものありて〈中村正直「西国立志編」〉

ふうん【浮雲】 空に浮かんでいる雲。うきぐも。はかなくて頼りないもの、確かでないこと、などにいう。
📖 ――のはかなきよりもはかなく〈徳富蘆花「思出の記」〉

ふそ【扶疎】 植物が広がり茂るさま。
📖江岸がなだらになつて川柳が――として居り〈幸田露伴「観画談」〉

ふつぎょう【払暁】 夜明け。明け方。あかつき。黎明。
📖尚――にも程あるべきに〈坪内逍遥「自由太刀余波鋭鋒」〉

ぶぼつ【蕪没】 雑草が茂っておおい尽くし、ものがうずもれること。
📖路も梗塞――せるやうなり〈幸田露伴「昔日の大島」〉

ふゆき【冬気】 冬の気候。
📖――になりても布子一枚。お芳に与へて被せもせず〈坪内逍遥「当世書生気質」〉

ふんえん【墳衍】 丘と低平な土地。
📖――の沃壌と覚へたり〈久米邦武「米欧回覧実記」〉

ふんぱく【噴薄】 激流がせまること。
📖水之が為に鼓怒し、咆哮し、――激盪して〈尾崎紅葉「金色夜叉」〉

へいひ【蔽庇】 草木などがしげっておおい隠すこと。
📖堂を構て梢葉その上を――す〈森鷗外「伊沢蘭軒」〉

へいぶ【平蕪】 雑草が生い茂っている野原。
📖門を出づれば、十里の――〈徳富蘆花「青山白雲」〉

へきえん【僻遠】 中心となる地域から遠く離れていること。また、そのような所。
📖あの男はいつか此――の境に来て、漁師をしたか、農夫をしたか知らぬ

が〈森鷗外「冬の王」〉

へきぐう【僻隅】 都から遠く離れた土地。かたいなか。

📖而かも其の多々存在するも、会々――陬境に在りて輒ち覩聞せざるを如何〈志賀重昂「日本風景論」〉

べきべき【冪冪】 雲などが一面におおうさま。

📖――たる雲を貫ぬいて〈夏目漱石「趣味の遺伝」〉

へんど【辺土】 都から遠く離れた土地。辺地。

📖世の中は常かなしもよ沖の島ここの――の松風のこゑ〈北原白秋「雀の卵」〉

ほうせい【萌生】 草木がもえ出ること。転じて、物事の起こるきざしが現れること。

📖麦粒よりして、再び枝葉を――するが如く〈中村正直「西国立志編」〉

📖虚無党が魯国に――せしは〈宮崎夢柳「鬼啾々」〉

ぼうだ【滂沱】 雨が激しく降るさま。

📖唯だ猛雨の――たるを聞くのみ〈織田純一郎「花柳春話」〉

ほうてい【鵬程】 遠い道程。

📖万里――の首途に上つた〈幸田露伴「渋沢栄一伝」〉

ほうはい【澎湃・彭湃】 水が激しく逆巻くさま。

📖――たる怒濤が崩れ落ちて〈谷崎潤一郎「飈風」〉

ほうふつ【髣髴・彷彿】 姿・形がぼんやりと見える・こと（さま）。

📖陰火が、――として生垣を越えて〈三遊亭円朝「真景累ヶ淵」〉

ほうほう【蓬蓬】 ①風が強く吹くさま。📖朔風――として満州より吹き当り〈志賀重昂「日本風景論」〉 ②草木の葉などが勢いよく茂っているさま。また、髪やひげがのびて乱れているさま。📖櫛の痕なき頭髪の――たるに〈森鷗外「即興詩人」〉 ③煙や雲がさかんに立ちのぼるさま。📖白い煙が、――と立つてゐるのを〈小島烏水「日本北アルプス縦断記」〉

ほうよく【豊沃】 土地の地味が肥えていて農作物がよくできる・こと（さま）。📖土壌――にして兵衆軟弱なるに於ては〈中江兆民「三酔人経綸問答」〉

ぼうろう【滂浪】 水の勢いが盛んなさま。📖深更雨――〈永井荷風「断腸亭日乗」〉

ぼくじょ【穆如】 和らいでおだやかなさま。📖室中の濁気を除き去りて、――たる清風を以て、これに満るが如し〈中村正直「西国立志編」〉

ぼしょくそうぜん【暮色蒼然】 夕暮れ時の薄暗いさま。📖――たる波の上に白い肌が模糊として動いて居る〈夏目漱石「吾輩は猫である」〉

ほんたん【奔湍】 水勢の速い流れ。急流。📖水の流れは或る所では白泡を立てつつ――となり〈谷崎潤一郎「為介の話」〉

まいそう【昧爽】 夜明け方。あかつき。昧旦。📖十三日の――に〈森鷗外「渋江抽斎」〉📖十一日――〈泉鏡花「秘妾伝」〉

まるゆき【丸雪】 霰（あられ）のこと。

📖──は小雪を誘って〈泉鏡花「註文帳」〉

まんがん【満眼】 見渡す限り。

📖──の景色蕭然として〈坪内逍遥「春風情話」〉

まんぼう【満眸】 見渡す限り。満目。

📖──の秋色蕭条として〈二葉亭四迷「浮雲」〉

まんまん【漫漫】 果てしなく広がるさま。

📖見渡せば波──として空と連なり〈幸田露伴「いさなとり」〉

まんもく【満目】 見渡す限り。あたり一面。

📖小降りとなりて、──の雲霧白み〈徳富蘆花「自然と人生」〉

みお【澪・水・脈・水尾】 船の通ったあとに残る泡や水の筋。航跡。

📖その中を汽船は黒いけむりを吐き、銀いろの──を引いていくつも滑って居るのでした〈宮沢賢治「グスコーブドリの伝記」〉

みずみず【瑞瑞・水水】 水気を含んで生気があり、新鮮なさま。

📖──した稲の田の面(も)を〈岩野泡鳴「発展」〉

みつうん【密雲】 厚く重なった濃い雲。密集した雲。

📖長い間──に鎖されて居た空は〈谷崎潤一郎「熱風に吹かれて」〉

みぼう【未萌】 草木がまだ芽を出さないこと。事がまだ起こらないこと。未発。びぼう。

📖禍を──に防ぐの道を白(もう)せり〈幸田露伴「運命」〉

むさい【無際】 かぎりのない・こと（さま）。

📖此大自然の無限――なるを思ふ時は〈国木田独歩「欺かざるの記」〉

むへんざい【無辺際】 限りのないこと。はてしなく広いこと。また、そのさま。無限。

📖――に浮き出す薄き雲〈夏目漱石「虞美人草」〉

めいび【明媚】 景色が清らかで美しい・こと（さま）。

📖松が浦一帯の――の景色を眸中に収むるは〈幸田露伴「遊行雑記」〉

めいぼつ【溟渤】 果てしなく広い海。大海。

📖諸士の恩を蒙むる山岳よりも高く――よりも深し〈田口卯吉「日本開化小史」〉

めじ【目路・眼路】 目で見える範囲。見える限り。

📖砕ける雲の――を限り〈宮沢賢治「春と修羅」〉

もうもう【濛濛・朦朦・蒙蒙】 霧・煙・砂ぼこり・湯気などが一面に立ちこめるさま。

📖――たる霧に閉(とざ)され〈永井荷風「あめりか物語」〉

やけい【野景】 野外の景色。郊外の風景。

📖今日は構外の――に高く〈萩原朔太郎「新前橋駅」〉

やてん【夜天】 よぞら。夜の空。

📖耳澄ませば闇の――をしろしめす図り知られぬものの声すも〈北原白秋「雲母集」〉

📖何物の澄みて流るる知らねどもここの――の光ふかしも〈北原白秋「雲母集」〉

やまぎわ【山際】 山の麓。山裾。

📖南の御前の――より漕ぎ出でて〈馬場

胡蝶「源氏物語」〉

やまそわ【山岨】 山の険しい所。切り立ったがけ。

📖あの——のみぞれのみちを　あなたがひとり走ってきて〈宮沢賢治「早春独白」〉

やりょう【夜涼】 夏の夜の涼気。季夏

📖——水の如く骨に入る〈尾崎紅葉「隣の女」〉

ゆうしゅつ【湧出・涌出】 地中からわき出ること。ようしゅつ。

📖温泉の——するを見る〈田山花袋「日光山の奥」〉

ゆうすい【幽邃】 （景色などの）静かで奥深い・こと（さま）。

📖墓地は斯の寺の境内で、——な、樹木の多いところにあつた〈島崎藤村「春」〉

ようえい【曜映】 日が明るく照り映えていること。

📖朗麗にして哀切な——がきらめいて居ます〈谷崎潤一郎「人魚の嘆き」〉

ようかてん【養花天】 花曇りの天気。季春

📖降らなければ曇る。所謂(いわゆる)養花の天〈徳富蘆花「みみずのたはこと」〉

ようぜん【杳然】 はるかに遠いさま。

📖舟は——として何処(いずく)ともなく去る〈夏目漱石「薤露行」〉

ようちょう【羊腸】 ヒツジの腸のように道などの幾重にも折れ曲がっている・こと（さま）。つづらおり。

📖——たる小道〈永井荷風「あめりか物語」〉

📖——とした山径を上ります〈徳富蘆花

「新春」〉

ようぼう【杳茫】 はるかなさま。遠いさま。
📖舟のゆくては——たる蒼海にして〈森鷗外「即興詩人」〉

ようよう【漾漾】 水の揺れ動くさま。
📖波は——として遠く烟り〈尾崎紅葉「金色夜叉」〉

ようわ【雍和】 やわらかになごんでいること。
📖桜花たゞ咲満ちてこぼるゝ——駘蕩のさまを尽せり〈幸田露伴「評釈ひさご」〉

よこう【余光】 あとまで残る光。
📖夕日の——美しきが中に〈幸田露伴「天うつ浪」〉

よこぐも【横雲】 たなびく雲。
📖そのとき青く二十日の月が黒い——の上からしづかにのぼつてきました〈宮沢賢治「ポラーノの広場」〉
📖風立ちて雁啼きわたる——の今宵の月夜はろかなるかも〈北原白秋「雀の卵」〉

よしょう【余照】 夕日が沈むときの残りの光。残照。
📖其最後の——は山門の裏の白壁の塀に明かに照つた〈田山花袋「田舎教師」〉

らいら【磊砢】 石がごろごろと積み重なっているさま。らいか。
📖巌石の——たるをば眼前にする所にある〈幸田露伴「華厳滝」〉

らいらい【磊磊】 石が多く積み重なっているさま。
📖山河に——たる石塊〈水野広徳「此一戦」〉

らんかい【乱開】 さまざまな花が咲き乱れること。

📖一々名を知らざるの野花――し爛錦を敷くに似〈志賀重昂「日本風景論」〉

らんかん【闌干・欄干】 月や星のあざやかに光るさま。

📖北斗の独り――たるが如し〈内田魯庵「復活」〉

らんき【嵐気】 山中にたつもや。山気。

📖深山の――に襲はれて、ゾクゾクと身に熱を感じた〈近松秋江「疑惑」〉

らんすい【嵐翠】 山に立つみどりいろのもや。

📖東山の――滴れんとし〈志賀重昂「日本風景論」〉

らんぜん【爛然】 あざやかに光り輝くさま。燦然(さんぜん)。

📖星斗(しほ)は――と明らかに〈幸田露伴「天うつ浪」〉

らんまん【爛漫・爛熳】 花の咲き乱れるさま。

📖花の――たるも〈菊亭香水「世路日記」〉

らんらん【爛爛】 光の鋭く輝くさま。

📖――たる氷の刀(やいば)に〈高山樗牛「滝口入道」〉

りくり【陸離】 光が入り乱れて美しくかがやくさま。

📖麗しい七色が――と染出される〈小栗風葉「青春」〉

りゅうとう【隆冬】 真冬。冬の寒さの最も厳しい頃。

📖松柏科植物は然らず、独り――を経て凋衰(ちょうすい)せざるのみならず〈志賀重昂「日本風景論」〉

りょうえん【遼遠】 はるかに遠い・こと(さ

ま）。

📖幽関（ゆうげき）のあなた、――のかしこへ〈夏目漱石「草枕」〉

りょうかく【寥廓】 広々として大きいさま。

📖四顧（こし）――として、止（ただ）山水と明月とあるのみ〈泉鏡花「義血侠血」〉

📖天地の――なるを見る〈正岡子規「獺祭書屋俳話」〉

りょうらん【繚乱・撩乱】 入り乱れること。花などが咲き乱れる・こと（さま）。

📖あの不思議な種々な色の光体、それに似たものが――して心を取囲んだ〈有島武郎「或る女」〉

📖落花は――として其袂に灑（そそ）げり〈泉鏡花「鐘声夜半録」〉

りょうりょう【寥寥】

①ものさびしいさま。

📖此の――たる山中に来たり〈尾崎紅葉「金色夜叉」〉

②数の少ないさま。

📖人家――たる山村〈馬場辰猪「天賦人権論」〉

りょうりょう【寥亮】 声や音がものさびしく響きわたるさま。

📖――たる喇叭（らっぱ）の声〈坪内逍遥「春風情話」〉

りり【離離】 草木が繁茂しているさま。

📖断草――として趾を着くべき道ありとも覚えず〈高山樗牛「滝口入道」〉

📖――たる枯草に咲残つた、竜胆（りんどう）の花の蔭に〈泉鏡花「楊柳歌」〉

りんい【淪漪】 こまかに立つ波。さざなみ。

📖波瀾――はこゝに生ぜずには済まなかつたらう〈幸田露伴「連環記」〉

りんじゅん【嶙峋】 山が高くそびえ立つさま。

📖――たる高岳に一条の風路を弄ぶ老鷲を友とし〈幸田露伴「露団々」〉

りんぷう【凜風】 非常につめたい風。

📖時正に厳冬、――膚を劈（さ）く〈幸田露伴「将棋雑話」〉

りんれい【淋鈴】 雨の降る音を表す語。

📖夜半雨声――〈永井荷風「断腸亭日乗」〉

れんえん【瀲灩・瀲灎】 波が光にきらめくさま。

📖唯だ――たる波浪の寒風に跳（おど）るを聞く耳矣（みの）〈織田純一郎「花柳春話」〉

ろうこう【陋巷】 狭苦しいちまた。むさくるしい町。

📖――に放浪してゐた事がある〈永井荷風「ふらんす物語」〉

ろうせい【牢晴】 おだやかに晴れること。

📖雪後――〈永井荷風「断腸亭日乗」〉

わたくしあめ【私雨】 せまい範囲だけに降る雨。局地的に降る雨。昔から、箱根・比叡・丹波などのものが有名。

📖夜また驟雨きたる、山中の――といふものなるべし〈幸田露伴「地獄渓日記」〉

わだん【和暖】 温和で暖かな・こと（さま）。

📖快晴――昨日の如し〈永井荷風「断腸亭日乗」〉

わふう【和風】 おだやかな風。春風。かふう。

📖南からまた南西から――は河谷いつぱいに吹いて〈宮沢賢治「和風は河谷いつぱいに吹く」〉

人事・事物

人や事物にかかわることば

あいのくさび【間の楔・合（い）の楔】 間をとりもつもの。物事のつなぎとしてする事柄。

📖夫(れそ)じやおれを――に一席伺はせる気なんだな〈夏目漱石「坊っちゃん」〉

あとばら【後腹】 事がすんだあとに生じる、出費などの苦痛。
📖其の運動費の――だとか云ふ話でございました〈尾崎紅葉「金色夜叉」〉

あんとう【案頭】 机の上。案上。
📖――の電灯を点ぜざれば〈永井荷風「断腸亭日乗」〉

いいまえ【言（い）前】
①物の言い方。口まえ。
📖単に口先の――と思はなければならなかつた〈夏目漱石「明暗」〉
②言いわけ。口実。
📖一寸町へ出て来るといふ――〈夏目漱石「彼岸過迄」〉

いぐい【居食い】 働かず、手もちの財産で生活していくこと。徒食。座食。
📖此上に長い――は出来ぬ〈徳富蘆花「富士」〉

いさくさ
①もめごと。いざこざ。
📖恋も――も其の威勢のある中(ちう)の花なんだよ〈幸田露伴「天うつ浪」〉
②〈副詞的に用いる〉あれこれ。ぐずぐず。
📖そんな人達に会つて――口をきくよりも〈有島武郎「或る女」〉

いしょく【衣食】 くらし。生活。
📖原稿料で――してゐる位ですから〈夏

目漱石「硝子戸の中」〉

イズム【ism】 主義。説。
📖自然主義も亦一つの——である〈夏目漱石「イズムの功過」〉

いたつき【労き・病き】 病気。
📖かくては御身が——も遠ほからずして癒ゆべし〈岩谷小波「こがね丸」〉

いとく【懿徳】 麗しい立派な徳。
📖以て聖代の——を成すべきである〈幸田露伴「渋沢栄一伝」〉

いとたけのみち【糸竹の道】 音楽の道。
📖中々——にもすぐれた者で〈嵯峨の屋お室「初恋」〉

いふう【遺風】 昔から伝わる風習・習慣。
📖諸君公徳抔(など)と云ふ野蛮の——を墨守してはなりません〈夏目漱石「吾輩は猫である」〉

いぼう【貽謀】 祖先によって遺されたはかりごと。
📖是れ皆家康の——に出る所ろにして〈坂崎紫瀾「汗血千里の駒」〉

いり【遺利】 先人がのこしてくれた利益。
📖明治の作家の旧著を再刻して、——を獲んと欲するものに外ならず〈永井荷風「断腸亭日乗」〉

うじゅ【迂儒】 書物の世界しか知らず世間の事にうとい学者。
📖——書生の妄言を容れ〈東海散士「佳人之奇遇」〉

うしろつき【後ろ付き】 背後から見た姿。後ろ姿。後ろ影。
📖門口の石に腰掛けてあちらを向ける

老女あり。其――正しく亡くなりし人の通りなりき〈柳田国男「遠野物語」〉

うそのかわ【嘘の皮】 全くの嘘。完全な嘘。

📖かう云つた約束は、勿論――であつた〈谷崎潤一郎「独探」〉

えいほう【鋭鋒】 するどい攻撃。多く言論によりするどく攻撃する場合にいう。

📖可成こゝは好加減に迷亭の――をあしらつて無事に切り抜けるのが上分別なのである〈夏目漱石「吾輩は猫である」〉

えきれい【疫癘】 流行病。えやみ。疫病。

📖当時は痘瘡とか麻疹とか云ふ――が流行つて〈谷崎潤一郎「少将滋幹の母」〉

おおども【大供】 おとな。子供っぽいおとなを茶化していう語。

📖よい年しての――様が〈樋口一葉「花ごもり」〉

おこり【瘧】 一定の周期で発熱し、悪寒やふるえのおこる病気。マラリア性の熱病の昔の名称。わらわやみ。おこりやみ。㊮夏

📖しばらくは呆然として――の落ちた病人の様に坐つて居たが〈夏目漱石「吾輩は猫である」〉

おたんちん まぬけ。人をののしっていう語。

📖夫（それ）だから貴様は――、パレオロガスだと云ふんだ〈夏目漱石「吾輩は猫である」〉

おんげん【温言】 おだやかでやさしい言葉。温辞。

📖『お銀ちゃん！』などと――で呼留める〈尾崎紅葉「二人女房」〉

かいてい【階梯】 物事を学ぶ段階。また、物事の発展の過程。

📖顔の醜いのを自認するのは心の賤しきを会得する――にもならう〈夏目漱石「吾輩は猫である」〉

かいろうどうけつ【偕老同穴】 夫婦が愛情深く固く結ばれていること。
📖主人が――を契った夫人の脳天の真中には真丸な大きな禿がある〈夏目漱石「吾輩は猫である」〉

かごみみ【籠耳】 〈かごが水をす通しにするように〉聞いても、すぐに忘れてしまうこと。
📖何も――に聞き流して〈幸田露伴「土偶木偶」〉

かたぞう【堅蔵】 まじめで、遊びをしない人やそのさまを人名めかしていう語。かたぶつ。
📖学問好きの――で〈幸田露伴「川舟」〉

かっしゃかい【活社会】 文学や観念の中にある想像上の社会に対して、活動している現実の社会。実社会。
📖先生は…日本の――と交渉のある教授を担任すべき人物である〈夏目漱石「三四郎」〉

かなけ【金気・鉄気】 金銭に関すること。また、金銭。
📖一厘たりとも――は肌に着いてゐない〈夏目漱石「坑夫」〉

からすがね【烏金】 日賦で借りる高利の金。
📖あんな――で身代をつくつた向横町の長範なんかは業つく張りの、慾張り屋だから〈夏目漱石「吾輩は猫である」〉

がりょうくつ【臥竜窟】 まだ世に知られないでいる大人物が住んでいる所。
📖然し此の下宿が群鶴館なら先生の居

は慥かに——位な価値はある〈夏目漱石「吾輩は猫である」〉

かんうんやかく【閑雲野鶴】　しずかに空に浮かぶ雲と野に遊ぶ鶴。なにものにも束縛されない悠々自適の境遇のたとえ。

📖未だに——の伴侶となられずに、既得の政権を持続する事に努力せられ〈与謝野晶子「一隅より」〉

かんけい【冠笄】　男子は冠し、女子は笄を加えて、成人・元服すること。

📖子息の——纔(わずか)に畢(おわ)るに及んで〈幸田露伴「連環記」〉

かんけつ【陥欠】　欠けている点。欠点。

📖どんな社会だつて——のない社会はあるまい〈夏目漱石「三四郎」〉

かんせい【陥穽】　①おとしあな。わな。

📖人もわれも尤も忌み嫌へる死は、遂に忘る可(べ)からざる永劫の——なる事を知る〈夏目漱石「虞美人草」〉

②人をおとしいれること。また、そのための計略。

📖僕を——する好機会〈内田魯庵「社会百面相」〉

かんせい【鼾声】　いびきの音。

📖——唯雷の如し〈永井荷風「断腸亭日乗」〉

かんぶつ【奸物・姦物】　悪知恵にたけた人。腹黒い人。

📖人が何か云ふと、ちやんと逃道を拵らへて待つてるんだから、余つ程——だ〈夏目漱石「坊っちゃん」〉

きあん【几案・机案】　机。

📖座右の文房具――を取片付く〈永井荷風「断腸亭日乗」〉

きいん【気韻】 絵画や書などに湛（たた）えられた品格・気品。

📖盲目の春琴の不思議な――に打たれたといふ〈谷崎潤一郎「春琴抄」〉

きかん【亀鑑】 人のおこないの手本。模範。

📖以て世人の――に供す可し〈福沢諭吉「学問ノススメ」〉

きく【規矩】 人の行動の規準となる手本。規則。

📖以前は自分の信念を日常の――としてゐたが〈内田魯庵「復活」〉

きくじゅんじょう【規矩準縄】 行為や物事の規準。法則。手本。規則。

📖予め『どうでなければならぬ』と云ふ――を作つたところで〈谷崎潤一郎「饒舌録」〉

ぎけい【偽計】 人をあざむく計略。詭計（きけい）。

📖理非を分たず親を欺けとて、――を授る者あり〈福沢諭吉「学問ノススメ」〉

きし【季子】 末の子。まっし。ばっし。

📖蘭軒の――柏軒が前年間文学に励精したと云ふを以て〈森鷗外「伊沢蘭軒」〉

きせつ【羈絏】 たづな。転じて、つなぎひきとめること。

📖俗累の――牢として絶ち難きが故に〈夏目漱石「草枕」〉

きっさ【譎詐】 いつわり。うそ。

📖欺かるゝもの、欺くものと一様の――に富むとき、二人の位地は、誠実を以て相対すると毫も異なる所な

きに至る〈夏目漱石「虞美人草」〉

きのはし【木の端】 木の切れはしのように、役に立たないもの。人の捨てて顧みないもの。
📖日頃——などのやうにおもひし美術諸生の仲間なりければ〈森鷗外「うたかたの記」〉

きはん【羈絆】 行動する者の妨げになるものや事柄。きずな。ほだし。束縛。
📖かかる浮世の浅ましき——を受くるに厭果(あきはて)たれば〈坪内逍遥「自由太刀余波鋭鋒」〉

きやみ【気病み】 心配から起こる病気。気病。
📖病気といふのは——だらう〈泉鏡花「錦帯記」〉

きょうおん【郷音】 自分の郷里の方言。お国ことば。きょういん。
📖紐育(ニューヨーク)の真中で、各自——を出して〈徳富蘆花「日本から日本へ」〉

ぎょうかく【暁角】 夜明けを告げる角笛の音。
📖——が哀しげに響き〈中島敦「山月記」〉

ぎょうこう【僥倖】
①思いがけない幸運。
📖——にも難関を通過して〈夏目漱石「門」〉
②幸運を待つこと。
📖万一を——するの外為す可きもの無し〈東海散士「佳人之奇遇」〉

きょうじゅ【享寿】 天からうけた寿命。天寿。享年。
📖其の歿したのは明治二十四年二月十四日にして——九十一である〈永井

荷風「下谷叢話」〉

きょはく【巨擘】 多くの人の中にあって、特にすぐれて目立つ人。巨頭。

📖トルストイ伯は写実小説の——なり〈植村正久「トルストイ伯」〉

きりこみ【切り込み】 ぶつ切りの魚肉を塩漬けにしたもの。

📖間もなく塩引の鮭の刺身やいかの——などと酒が一本黒い小さな膳にのって来る〈宮沢賢治「なめとこ山の熊」〉

きんこ【矜誇】 自信と誇り。

📖——、愛欲、疑惑…あらゆる罪は三千年来、この三者から発してゐる〈芥川竜之介「河童」〉

くうげき【空隙】 物と物との間のすき間。間隙。

📖どうしても全心で抱合へない——が残された〈志賀直哉「暗夜行路」〉

ぐぞん【愚存】 自分の考えをへりくだっていう語。愚考。愚案。

📖我を忘れて無遠慮に——など申上げましたが〈幸田露伴「雪たゝき」〉

くまたか【熊鷹】 乱暴で貪欲な者のたとえ。

📖…と飽まで抜目の無い——〈幸田露伴「自縄自縛」〉

くめい【苦茗】 にがい茶。品質の悪い茶。

📖手づから——をついでくれた〈徳富蘆花「富士」〉

けいがい【謦咳】 せきばらい。しわぶき。

📖——して語りいでぬ〈森鷗外「文づかひ」〉

げいご【囈語】 うわごと。ねごと。たわごと。

📖余は眼を閉ぢて自家の——に耽りし

なり〈徳富蘆花「青山白雲」〉

📖この数枚の遺書をして、空しく狂人の——たらしむる事勿れ〈芥川竜之介「開化の殺人」〉

けいるい【係累・繫累】

①心身の自由を束縛する、わずらわしい事柄。特に、妻子など面倒をみなければならない一族の者。

📖喜助には身に——がないのに〈森鷗外「高瀬舟」〉

②つなぎしばること。

📖醜陋の名利に——せられ〈服部徳「民約論」〉

けいろく【鶏肋】 大して役には立たないが、捨てるには惜しいもののたとえ。

📖次に——として存じて置きたい一話は、蘭軒が猫を愛したと云ふ事で〈森鷗外「伊沢蘭軒」〉

ケット 毛布。ケットン。

📖いきなり、——を頭からかぶつて〈夏目漱石「吾輩は猫である」〉

げんせき【言責】 自分が言った言葉に対する責任。

📖一旦約束した——を果すため〈夏目漱石「明暗」〉

げんり【玄理】 深遠な真理。

📖——を談じて高尚なる可きに非ず〈福沢諭吉「学問ノススメ」〉

こうかい【高誨】 尊い教え。転じて、相手の教えを敬っていう語。

📖散士乃ち恭く——を謝し〈東海散士「佳人之奇遇」〉

こうけつ【膏血】 人が苦労をして得たもののたとえ。

📖国民の――をすすり〈谷崎潤一郎「誕生」〉

こうこう【鴻溝】 大きなみぞ。転じて、へだてとなるもの。

📖自己と他人の間に截然たる利害の――がある〈夏目漱石「吾輩は猫である」〉

こうしそうにょう【行屎送尿・行屎走尿】 便所で用を足す意。ありふれた日常生活のたとえ。

📖行住坐臥、――悉く真正の日記であるから〈夏目漱石「吾輩は猫である」〉

こうぜつ【口舌】 くちさき。くちぶり。物言い。くぜつ。

📖人生の目的は――ではない実行にある〈夏目漱石「吾輩は猫である」〉

こうはく【黄白】 金と銀。転じて、金銭。

📖――を愛(おし)み、阿堵物(あとぶつ)に齷齪す〈志賀重昂「日本風景論」〉

こうゆう【狎友】 多年なれ親しんだ友人。

📖わが――啞々子井上精一君が埋骨のところなり〈永井荷風「荷風文稾」〉

こうらい【光来】 他人を敬ってその来訪をいう語。

📖今度御――の節は久し振りにて晩餐でも供し度心得に御座候〈夏目漱石「吾輩は猫である」〉

こうれい【伉儷】 夫婦。つれあい。

📖フロレンスと――の約を結びたりしが〈織田純一郎「花柳春話」〉

📖後に二人は――いよ〱こまやかに〈徳富蘆花「竹崎順子」〉

こくしゅ【国手】 名医。また、医者を敬っていう語。上医。
📖日本軍医の佐藤――に治療を託して疑わぬ太つ腹ぶりで〈徳富蘆花「富士」〉
📖けれどもこのとき――になつた例のリンパー先生は、会ふ人ごとに斯ういつた〈宮沢賢治「北守将軍と三人兄弟の医者」〉

こくてんきょう【黒甜郷】 眠りの世界。
📖いつの間にか眠くなつて、つい――裡に遊んだ〈夏目漱石「吾輩は猫である」〉

こご【故吾】 昔の自分。もとのままの自分。
📖文三の今我は――でない〈二葉亭四迷「浮雲」〉

こじ【怙恃】 両親。父母。
📖総角の頃に早く――を喪ひ〈二葉亭四迷「浮雲」〉

こしつ【痼疾】 長引いて、いつまでもなおらない病気。持病。
📖薄志弱行は衆人の――なり〈国木田独歩「欺かざるの記」〉

こなから【小半ら・二合半】 半分の半分。4分の1。特に、米や酒で一升の4分の1、すなわち二合五勺をいう。また、少量の意にも用いる。
📖宵の内に――呷りつけて〈泉鏡花「三枚続」〉

ごび【寤寐】 目ざめている時と寝ている時。
📖余が――の境にかく逍遥して居ると〈夏目漱石「草枕」〉

こんが【今我】 現在の自分。今吾。
📖文三の――は故吾でない〈二葉亭四迷「浮

雲」〉

さいき【債鬼】 相手の難儀や苦しみにおかまいなく貸した金をとりたてる人を鬼にたとえた語。

📖原稿の催促をなすこと――の如し〈永井荷風「断腸亭日乗」〉

さいぎょうじょい【西行背負い】 風呂敷包みなどを肩から斜めに背負い、胸の前で結ぶこと。西行掛け。

📖――に胸で結んで〈泉鏡花「歌行灯」〉

さいそう【才藻】 才能と文藻。また、詩文の才。

📖鴨志田君の――は、入社当時から熊次も眼を刮(ずけ)つて居る〈徳富蘆花「富士」〉

さらまなこ【皿眼】 しっかり見開いた目をたとえていう語。

📖風呂敷包を解いて――になつて、盗難品を検べて居る〈夏目漱石「吾輩は猫である」〉

ざんぜん【残喘】 残り少ない命。余生。

📖多病にして――を保つ方が余程結構だ〈夏目漱石「吾輩は猫である」〉

じえき【時疫】 流行病。はやりやまい。

📖流行の――にふた親みななくなりしに〈森鷗外「文づかひ」〉

じきょく【事局】 事態の局面。事件のなりゆき。

📖此さき――はどう発展するかと〈夏目漱石「吾輩は猫である」〉

ししょく【至嘱】 手紙文で、相手に頼み込む意を表す。

📖悃望(こんぼう)――々々〈徳富蘆花「富士」〉

じっかく【実覚】 実際に身をもって感じられること。
📖官能の――から杳かに遠からしめた状態であった〈**夏目漱石「思ひ出す事など」**〉

しゅえい【輸贏】 かちまけ。勝負。ゆえい。
📖迷亭君と独仙君が一生懸命に――を争ってゐると〈**夏目漱石「吾輩は猫である」**〉

しゅしつ【酒失】 酒を飲み過ぎたための、不始末。
📖――の廉で、江戸から帰された当時は〈**徳富蘆花「竹崎順子」**〉

しゅたく【手沢】 手あかで出たつや。転じて、身近に置いて愛用した物。
📖父祖の――を存じてゐる書籍が少くなかつただらうが〈**森鷗外「渋江抽斎」**〉

じゅらい【入来】 他人を敬ってその来訪をいう語。来駕。光来。
📖復たの――を祈られて〈**斎藤緑雨「油地獄」**〉

しょきょう【庶境】 すばらしい境地。佳境。
📖随処任意の――に入つて甚だ嬉しい〈**夏目漱石「吾輩は猫である」**〉

しょよく【嗜欲】 思うさま飲んだり、見たり、聞いたりしたいという心。
📖野々宮さんも…世外の功名心の為めに、流俗の――を遠ざけてゐるかの様に思はれる〈**夏目漱石「三四郎」**〉

じょくち【辱知】 知り合いであることを謙遜していう語。
📖おのれ始めて上田先生が――となるを得たりしは〈**永井荷風「書かでもの記」**〉

じょくちゅう【褥中・蓐中】 ふとんの中。

寝床の中。
📖蘭軒は――にあつて猫の頭(こうべ)を撫でつつ云つた〈森鷗外「伊沢蘭軒」〉

じょくゆう【辱友】 その人の友人であることを謙遜していう語。
📖諸先輩折々矢来の閑居に来るを見ておのづから――となることを得るに至れり〈永井荷風「書かでもの記」〉

しょし【処士】 仕官しない人。在野の人。処子。
📖無名の猫を友にして日月を送る江湖の――であるかの如き感がある〈夏目漱石「吾輩は猫である」〉

しょち【所知】 知っている事柄。
📖一撃に――を亡ふ〈夏目漱石「行人」〉

しょろう【所労】 病気。わずらい。また、つかれ。
📖当直の日であつたのを、――を以て辞した〈森鷗外「渋江抽斎」〉

しわのばし【皺伸ばし】 気晴らし。特に、老人の気晴らし。
📖――の太平楽〈二葉亭四迷「浮雲」〉
📖老年(しと)に耻ぢざる――の噂は耳にすれど〈尾崎紅葉「伽羅枕」〉

しんがん【心眼】 物事の真実の姿をはっきり見抜くことができるような心のはたらきを目に見立てた語。
📖彼の腹の中の行きさつが手にとる様に吾輩の――に映ずる〈夏目漱石「吾輩は猫である」〉

じんかん【塵寰】 ちりの世。俗世間。塵界。
📖堂舎の古雅、林泉の幽邃、倶に――

の物ならず〈永井荷風「断腸亭日乗」〉

じんじ【人耳】 人の耳。また、世間の外聞。ひとぎき。

📖――を驚かすべき者を場中に備へて〈幸田露伴「一国の首都」〉

しんりょく【信力】 自分を信頼する力。自信。

📖三分の不安と七分の――をもつて、彼女の来訪を待ち受けた〈夏目漱石「明暗」〉

じんろう【塵労】 俗世間での苦労。

📖――に疲れた彼の前には〈芥川竜之介「トロッコ」〉

すいとうきょせい【水到渠成】 水が流れれば、自然とみぞができること。転じて、時節が到来すれば、自ずと物事は成就するということ。

📖――は絶好の処世法〈徳富蘆花「思出の記」〉

せいしょうのぐ【済勝の具】 丈夫な足のこと。健脚。

📖わたくしに優つた――を有してゐた〈森鷗外「渋江抽斎」〉

ぜいぶつ【贅物】 無駄なもの。

📖多々良君が吾輩を目して休養以外に何等の能もない――の如くに罵つたのは少々気掛りである〈夏目漱石「吾輩は猫である」〉

せがい【世外】 俗世間を離れた所、または境涯。せいがい。

📖広田先生と同じく――の趣はあるが〈夏目漱石「三四郎」〉

ぜつじん【舌人】 通訳をする人。通弁。通事。
📖長崎――の事跡に精しい人の教を得た〈**森鷗外「伊沢蘭軒」**〉

ぜっとう【舌頭】 言葉。弁舌。
📖そんな大議論を――に弄する以上は〈**夏目漱石「吾輩は猫である」**〉

せんこつ【仙骨】 非凡な風貌。非俗な風采。また、そのような人。
📖飄々乎として――を帯びてゐるのに感心したことがあつたが〈**谷崎潤一郎「きのうけふ」**〉

そうせい【蒼生】 多くの人々。庶民。国民。あおひとぐさ。
📖天下の――が朝夕を安んずること能はざる時〈**北村透谷「文学史骨」**〉

そうぼう【相貌】 顔かたち。容貌。

📖吾等の性質は無論――の末を識別する事すら到底出来ぬのは気の毒だ〈**夏目漱石「吾輩は猫である」**〉

それい【粗糲】 精白しないあらづきの米。また、粗末な食事。粗飯。
📖――にして食ふに堪えず〈**遅塚麗水「不二の高根」**〉

たくげん【託言】 ほかのことにかこつけて言う言葉。口実。いいぐさ。
📖最早――は無用なり〈**徳富蘆花「外交奇譚」**〉

だんびら【段平】 幅の広い刀。また、刀。
📖――を畳の上へ刺して無理に人の金銭を着服するのが強盗で〈**夏目漱石「吾輩は猫である」**〉

ちいん【知音】 知り合い。知人。

📖親類——の人々〈柳田国男「遠野物語」〉

ちょうもく【鳥目】 銭。金銭。

📖腹の空るくらゐせつない事はないが、どうも——がなくつて食へないと猶更空るねえ〈三遊亭円朝「真景累ヶ淵」〉

📖端のお——でざら幾干でもあるもんだ〈泉鏡花「黒百合」〉

つるかめつるかめ【鶴亀鶴亀】 不吉なことを見たり聞いたりしたときに縁起直しに言う語。

📖ゑゝ、——、厭なこと、延喜でも無いことを云ふ〈幸田露伴「五重塔」〉

でいだん【泥団】 煩悩。現世の欲望。

📖自在に——を放下して、破笠裏に無限の青嵐を盛る〈夏目漱石「草枕」〉

できぼし【出来星】 急に出世したり金持ちになったりした人。成り上がり。

📖骨折らずに儲けた——の金持なのが直ぐ解る〈内田魯庵「復活」〉

てづまつかい【手妻遣い】 手品遣い。手品師。

📖子供は又一生懸命に——の方ばかり注意しだした〈夏目漱石「明暗」〉

では【出端】 出る便宜。出るきっかけ。

📖——のない行き留りに立つ位なら〈夏目漱石「彼岸過迄」〉

てんぴん【天稟】 天から授かった資質。生まれつき備わっているすぐれた才能。天賦。

📖さうさ、まあ——の奇人だらう、其代り考も何もない全く金魚麩だ〈夏目漱石「吾輩は猫である」〉

とうご【套語】 常套的な言葉。

📖妄に明哲身を保つの——を以て〈坂崎紫瀾「汗血千里の駒」〉

どうこう【同庚】 おないどし。同年。同甲。

📖多くは余と——、また余よりも年少なるものあり〈永井荷風「断腸亭日乗」〉

どうしゅう【銅臭】 銅貨の悪臭の意で、金銭欲、またそれにとらわれた行為を侮蔑的にいう語。

📖其勧化の仕方の——に富んだのを見て〈与謝野晶子「一隅より」〉

どうまごえ【胴間声】 調子はずれの太く濁った下品な声。胴張り声。どうまんごえ。

📖『泥棒！』と主人は——を張り上げて寝室から飛び出して来る〈夏目漱石「吾輩は猫である」〉

とひ【肚皮】 心の中。腹の中。

📖一——の憤恨猛火よりも烈しく騰上し来るを〈徳富蘆花「不如帰」〉

とぶつ【堵物】 金銭。

📖今日は幸ひ時間もある、嚢中（のうちゅう）には四五枚の——もある〈夏目漱石「吾輩は猫である」〉

とんちき【頓痴気】 まぬけ。とんま。多く人をののしっていう語。

📖須河の——めが待て居てね〈坪内逍遥「当世書生気質」〉

📖こんな無分別な——を相手にしては吾輩の顔に係はるのみならず〈夏目漱石「吾輩は猫である」〉

ないこう【内行】 家庭内でのおこない。私生活上の行為。

📖他人の——に探りを入れるにした所

で〈夏目漱石「彼岸過迄」〉

なかおれ【中折れ】 物事が途中で中止になること。

📖随分心を粘らして——せずに会ひ徹（おと）し〈幸田露伴「椀久物語」〉

にしのうみへさらり【西の海へさらり】 厄払いの文句。災厄や凶事を西の海へ流してしまう意。

📖那様（なそん）可怪（あや）しいものは——ださ〈泉鏡花「湯女の魂」〉

ねつど【熱度】 熱さの度合。

📖先生が——を計って〈夏目漱石「虞美人草」〉

ねんし【年歯】 年齢。よわい。としは。

📖自ら——を語ったことが無いので〈森鷗外「渋江抽斎」〉

ねんじゅ【年寿】 寿命。

📖我が地球の——は今論定し易く無い〈幸田露伴「努力論」〉

はくたく【剝啄】 来訪の者が門戸をたたく音。

📖抽斎は忽ち——の声を聞いた〈森鷗外「渋江抽斎」〉

はしづま【愛妻】 かわいい妻。いとしい妻。

📖——を遠く還して離れ嶋に一人残れば生ける心地なし〈北原白秋「雀の卵」〉

はなあらし【鼻嵐】 はげしい鼻息。

📖鼻子は例によって——を吹く〈夏目漱石「吾輩は猫である」〉

はなもとじあん【鼻元思案】 目先だけのあさはかな考え。喉元（のどもと）思案。

📖柳之助あたりが思付きさうな——ばかりで〈尾崎紅葉「多情多恨」〉

📖——のお前（きさ）ばしりに私（わっし）が暴れ込んで〈泉鏡花「三枚続」〉

はばかりさま【憚り様】 ①他人に手数をわずらわせたときなどに言う言葉。おそれいります。ご苦労さま。

📖雪江さん、——、之を出して来てください〈夏目漱石「吾輩は猫である」〉

②相手の非難を軽くかわして、皮肉をこめて言い返すときなどに言う言葉。お気の毒さま。

📖『…馬鹿野郎です』『——、女ですよ。野郎は御門違ひです』〈夏目漱石「吾輩は猫である」〉

ひうん【秘蘊】 学問・芸術などの最も奥深いところ。奥義。

📖たゞ人情の——をあばきて〈坪内逍遥「小説神髄」〉

ひえき【裨益・埤益】 利益となること。役に立つこと。助けとなること。

📖全く国人を——せんと欲するの誠意に出づ〈中村正直「西国立志編」〉

びじゃ【微邪】 軽い風邪。

📖晴。——。終日困臥（こんが）〈永井荷風「断腸亭日乗」〉

びしょう【眉睫】 眉（まゆ）とまつ毛。非常に近いところのたとえにいう。目睫（もくしょう）。

📖その毎日——に接する実物の詭形殊状なるもの〈中村正直「西国立志編」〉

びそ【鼻祖】 その事を始めた人。始祖。元祖。

📖欧州に於ける自然画若しくは景色画の——は〈島村抱月「文芸上の自然主義」〉

ひとくず【人屑】 多くの人々。

📖電車は――を一杯詰めて〈夏目漱石「虞美人草」〉

ひにんじょう【非人情】 人情を超越し、それにわずらわされない・こと(さま)。夏目漱石が「草枕」の中で説いたことで知られる。

📖不人情ぢやありません。――な惚れ方をするんです〈夏目漱石「草枕」〉

ひゃくねんめ【百年目】 どうにもならない運命の時。運のつき。

📖然し鼠なら君に睨まれては――だらう〈夏目漱石「吾輩は猫である」〉

びゅうけん【謬見】 まちがった意見。誤った考え。

📖文明の今日猶此弊竇(へいとう)に陥つて恬(てん)として顧みないのは甚だしき――である〈夏目漱石「吾輩は猫である」〉

ふそう【浮想】 うわついた考え。

📖固(とも)より一時の――ゆゑ、まだ真味を味はぬうちに、早くも熱が冷めて〈二葉亭四迷「浮雲」〉

ふちょう【腐腸】 くさったはらわた。また、腐敗した人物やそうした状態を比喩的にいう。

📖天下おしなべて――の薬に酔はさるれば〈幸田露伴「寝耳鉄砲」〉

ぶつがい【物外】 物質を超越した世界。俗世間の外。

📖此種の筆墨に――の神韻を伝へ得るものは果して幾人あるか知らぬ〈夏目漱石「草枕」〉

ふぬけ【腑抜け】 間抜け。たわけ。

📖夫ぢや赤シヤツは――の呆助だと云つたら〈夏目漱石「坊っちゃん」〉

ぶもみしょういぜん【父母未生以前】
禅宗の語。父や母すら生まれる以前のこと。相対的な存在にすぎない自己という立場を離れた、絶対・普遍的な真理の立場。
📖終始一貫――から只今に至るまで〈夏目漱石「吾輩は猫である」〉

ぶらんさん　ぶらぶらして暮らしている人。
📖妾あ如是な――の身ぢやあ有りますし〈幸田露伴「天うつ浪」〉

ぶんそう【文藻】　文才。
📖世の中には――ある者にして結婚後は何為るともなく〈徳富蘆花「富士」〉

ぶんぴん【文品】　文章の持つ品格。
📖必要な言葉までも省いてしまっては、用が弁じないのみならず、――が卑しくなります〈谷崎潤一郎「文章読本」〉

へいとう【弊竇】　弊害となる点。欠陥。
📖文明の今日猶此――に陥って恬として顧みないのは〈夏目漱石「吾輩は猫である」〉

べっちょう【別腸】　食べ物が入るところとは別の、酒の入る腸。酒量の多いことをたとえていう。
📖蘭軒は生来の下戸で、混外はこれに反して大いに――を具してゐたのであらう〈森鷗外「伊沢蘭軒」〉

ほうあん【方案】　方法についての考え。
📖第一の――は親子別居の制さ〈夏目漱石「吾輩は猫である」〉

ほうすけ【呆助】　ばか。あほう。ぽんすけ。
📖腑抜けの――だ〈夏目漱石「坊っちゃん」〉

ほうすん【方寸】　心の中。心中。胸中。

📖某(それがし)が――にある所〈坪内逍遥「自由太刀余波鋭鋒」〉

ほうぼう【鋒鋩】 相手を批判・攻撃する鋭い言辞・気性のたとえ。鋭鋒。

📖『…さあ話し給へ。もう邪魔はしないから』と迷亭君が漸く――を収めると〈夏目漱石「吾輩は猫である」〉

ぼし【暮歯】 老齢。晩年。暮年。

📖自分の――に及んで小宅を起せるを、老蚕の繭を成すが如しと笑ひ〈幸田露伴「連環記」〉

まいしゃ【昧者】 おろか者。

📖才子の股肱(ここう)となつて――が活動し〈夏目漱石「草枕」〉

まにんげん【真人間】 立派に社会生活をおくっている人間。まともな人間。

📖吾輩は切に武右衛門君の為に瞬時も早く自覚して――になられん事を希望するのである〈夏目漱石「吾輩は猫である」〉

まんが【漫画】 気の向くままに描いた絵。

📖運慶の仁王も、北斎の――も全く此動の一字で失敗して居る〈夏目漱石「草枕」〉

みいちゃんはあちゃん 趣味・教養の低い若い人たち。また、その人たちを卑しめていう語。みいはあ。

📖結綿(ゆいわた)の――が屈(こご)み勝にして、周章(あたふた)仮花道を走(か)けて行くのを〈上田敏「うづまき」〉

むちゃすけ【無茶助】 無茶な行動をとることを人名めかしていう語。

📖能く能くお前——になりなさんした〈樋口一葉「にごりえ」〉

ももんがあ【鼯鼠】　人をののしっていう語。畜生。

📖ハイカラ野郎の、ペテン師の、イカサマ師の、猫被りの、香具師(やし)の、——の、岡つ引きの、わん〳〵鳴けば犬も同然な奴とでも云ふがいゝ〈夏目漱石「坊っちゃん」〉

もりきり【盛り切り】　皿や丼(どんぶり)に盛っただけで、お代わりのないこと。また、その飲食物。もっきり。

📖宿の朝食は高粱米の——にじやこ出しの味噌汁、菜のおひたし〈谷崎潤一郎「疎開日記」〉

や【輻】　車輪の轂(こしき)と周りの輪をつないで、放射状に並ぶ細長い棒。スポーク。

📖二人の影は、ちやうど四方に窓のある室(へや)の中の、二本の柱の影のやうに、また二つの車輪の——のやうに幾本も幾本も四方へ出るのでした〈宮沢賢治「銀河鉄道の夜」〉

やくうん【厄運】　災厄のめぐりくる運命。不運。

📖此——を免かれたのは迷亭の機転と云はんより寧ろ僥倖の仕合せだと吾輩は看破した〈夏目漱石「吾輩は猫である」〉

やこぜん【野狐禅】　人をあざむきだます誤った禅。禅を少し学んだだけで自分では悟り切ったようなつもりの禅者を野狐にたとえていう。なまぜん。

📖ヒユーマニチイそのものを紛失させ

て、俗物的に納つたり、――的に悟り顔をすることで、自ら得意してゐるのだからたまらない〈萩原朔太郎「詩の原理」〉

ゆいかい【遺戒・遺誡】 後人のために残すいましめ。遺訓。遺言。いかい。

📖主人は禅坊主が大灯国師の――を読む様な声を出して読み始める〈夏目漱石「吾輩は猫である」〉

ゆうし【遊子・游子】 家を離れて他郷にある人。旅人。

📖小諸なる古城のほとり、雲白く――悲しむ〈島崎藤村「落梅集」〉

ゆえい【輸贏】 負けと勝ち。勝敗。

📖我れを忘れて――を争ふ最中に〈末広鉄腸「花間鶯」〉

ようちょう【妖兆】 あやしい前兆。不思議なきざし。

📖よしや不思議の――に、迷ひて危疑の心ありとも〈坪内逍遥「自由太刀余波鋭鋒」〉

ようとう【蝿頭】 きわめて小さいもの、特に小さな字のたとえ。

📖蝸角――の利名場内に馳駆奔走せしめらるゝを脱し得ず〈幸田露伴「一陣風」〉

📖十三行の罫紙に――の細字で認めた長文の手紙で〈徳富蘆花「みみずのたはこと」〉

よくけ【欲気】 欲深くむさぼろうとする心。

📖彼等は糸瓜の如く風に吹かれて超然と澄し切つて居る様なもの丶、其実は矢張り娑婆気もあり――もある〈夏

目漱石「吾輩は猫である」〉

らいし【耒耜】
①すき。また、農具。
📖——を執って農業をのみ守っては居られなかったことだらう〈幸田露伴「渋沢栄一伝」〉
②農業。
📖弓箭（きゅうせん）の道を棄てゝ——の生活に入つたのでもあらうか〈幸田露伴「渋沢栄一伝」〉

らち【埒】 物事のきまった範囲。限界。
📖単なる快感のために、遠慮の——を平気で跨ぐかも知れなかつた〈夏目漱石「明暗」〉

りじ【俚耳】 世間の人々の耳。俗耳。
📖大声（たいせい）は——に入らず〈夏目漱石「吾輩は猫である」〉

りそう【梨棗】 版木。また、出版すること。
📖墓所一覧の——に上せられしは文政紀元の春なること〈永井荷風「荷風文稾」〉

りょうぐう【良耦】 よい伴侶。似合いの夫婦。
📖若し——を得るあらば〈高須治助「花心蝶思録」〉

りょくしゅ【緑酒】 酒の美称。
📖諸豪傑に交際し——紅灯の間に抵掌して〈坂崎紫瀾「汗血千里の駒」〉

れいき【厲鬼】 人に流行病をもたらす悪鬼。
📖死して——となつてまでも〈幸田露伴「ひげ男」〉

れいしつ【麗質】 生まれつきの美しさ。生まれつきの美人。

📖雪江さんも…美妙なる、奇妙なる、霊妙なる、――を、惜気もなく発揚し了つた〈夏目漱石「吾輩は猫である」〉

れいふん【霊氛】 不可思議な気配。霊気。

📖凡てのものを幽玄に化する一種の――のなかに〈夏目漱石「草枕」〉

れいほん【零本】 書物の大部分の巻数が失われて、ごくわずかに残っているもの。端本(はほん)。

📖古文学の――古美術の残片をたづねて〈上田敏「希臘思潮を論ず」〉

れいわん【霊腕】 大変あざやかな手腕。

📖女は肯定の辞に、否定の調子を寓する――を有してゐる〈夏目漱石「虞美人草」〉

ろうくん【郎君】 年若い男子を敬っていう語。

📖――独(ひと)り寂莫(せきばく)ですたい〈夏目漱石「吾輩は猫である」〉

ろうけん【陋見】 いやしい見解。せまい了見。

📖人文進化の道を蔽塞すべき――〈森鷗外「渋江抽斎」〉

わとう【話頭】 話のいとぐち。また、話題。

📖さうして慰藉の為か何だか、飛んだ所へ――を持つて行つて仕舞つた〈夏目漱石「三四郎」〉

わらいぐさ【笑い種】 笑いを誘う材料。もの笑いのたね。

📖其時は三日ばかりうち中の――になつて大に弱つた〈夏目漱石「坊っちゃん」〉

わるじゃれ【悪洒落】 人の気を悪くするような洒落。へたな洒落。

📖小野さんは愈(いよいよ)ノンセンスな――だと思つた〈夏目漱石「虞美人草」〉

動植物

動物・植物にかかわることば

あせい【蛙声】 カエルの鳴く声。

📖そして——は水面に走る〈**中原中也「蛙声」**〉

うみざりがに【海蝲蛄】 ロブスターのこと。

📖——のやうに平つくばつてる〈**萩原朔太郎「恐ろしい山」**〉

えいか【穎果】 乾果の一種。果皮は薄い皮質で種皮と密着し、熟しても裂開しない。イネ科の果実。穀果。

📖——の尖が赤褐色で〈**宮沢賢治「塩水撰・浸種」**〉

おうご【鶯語】 鶯(うぐいす)の鳴く声。

📖樹間始めて——をきく〈**永井荷風「断腸亭日乗」**〉

かえりばな【返り花・帰り花】 初冬の小春日和(びより)に咲く季節はずれの花。返り咲きの花。季**冬**

📖杜若(かきつばた)の——かと怪まる、露草が〈**泉鏡花「袖屏風」**〉

かか【荷花】 蓮の花。

📖此日倶に——を賞した宮澤竹堂は〈**永井荷風「下谷叢話」**〉

がくぎょ【鰐魚】 ワニ。

📖長河の——を蔵する所〈**夏目漱石「虞美人草」**〉

かじゅ【花樹】 花の咲く樹木。花を観賞する木。

📖珈琲店の軒には——が茂り、町に日蔭のある情趣を添へてゐた〈**萩原朔太郎「猫町」**〉

くへんとう【苦扁桃】 アーモンドの一品種。その種子が苦みをもつもので、せきどめなどの薬用にする。
📖そこからかすかな――の匂がくる〈宮沢賢治「真空溶媒」〉

けいそ【鼷鼠】 はつかねずみ。
📖千鈞の弓は――のために放たずといへる兵書の誡〈幸田露伴「将棋雑話」〉

けんか【蒹葭】 オギとアシ。共に水辺に生える草。
📖――の間に葭雀(よしきり)の鳴くを聞かず〈永井荷風「断腸亭日乗」〉

ごうはい【鼇背・鰲背】 古代中国の伝説で、蓬莱山を背負うという大海亀の背。
📖夫(か)の――を聚(あつ)めて丘の如く〈尾崎紅葉「金色夜叉」〉

しゅうきょう【秋蛩】 コオロギの異名。
📖小鳥遊び来り、――また吟ず〈徳富蘆花「自然と人生」〉

しんおう【新秧】 稲の若い苗。
📖緑ほのかなる――の田と〈徳富蘆花「自然と人生」〉

すいみつとう【水蜜桃】 モモの栽培品種。果実は大形で甘く、多汁で柔らかい。明治期に中国から輸入、改良したもの。水蜜。㊕夏
📖窓から首を出して、――を買つてゐる〈夏目漱石「三四郎」〉

すずめがっせん【雀合戦】 多くの雀が木に集まって争い騒ぐこと。
📖四谷信濃町兵営前の大銀杏に――あり〈永井荷風「毎月見聞録」〉

せいえい【精衛】 中国の想像上の鳥。夏をつかさどる炎帝の娘が東海におぼれて化したという鳥で、常に西山の木石をくわえて東海を埋め

ようとしたが、効がなかったという。

📖愚なる——の来りて大海を塡めんとするやと〈尾崎紅葉「金色夜叉」〉

せきあん【斥鷃】（鵬に対して）小鳥。小人物・小知のたとえ。

📖——何ぞ大鵬の志ざしを知らんだ〈幸田露伴「露団々」〉

せんきん【仙禽】仙界にすむ鳥。

📖——おのづから幽鳴を為せる趣〈幸田露伴「連環記」〉

せんせい【蟬声】蟬の鳴く声。

📖——耳を煎りて〈徳富蘆花「自然と人生」〉

そうき【草卉】くさ。草本。

📖山みな——にして木なし〈森鷗外「伊沢蘭軒」〉

そくしょく【促織】コオロギの異名。

📖——の声終日歇まず〈永井荷風「断腸亭日乗」〉

だぜい【蛇蛻】へびのぬけがら。

📖陰性の人は蟬殻——の相を現じ〈幸田露伴「努力論」〉

ちゅうご【虫語】虫の鳴く声。

📖未だ——を聞かず〈永井荷風「断腸亭日乗」〉

ちょうきん【朝菌】朝生えて晩に枯れるといううきのこ。はかないものにたとえられる。

📖——夕露の如く忽生忽滅するものは〈幸田露伴「修省論」〉

ちょうじゃく【鳥雀】スズメなどの小さな鳥。

📖晴を喜ぶ——の声耳に溢る〈徳富蘆花「自然と人生」〉

つまぐれ【爪紅】 ホウセンカの異名。つまくれない。
📖しみじみと涙して入る君とわれ監獄（ひとや）の庭の——の花〈北原白秋「桐の花」〉

とうまちくい【稲麻竹葦】 イネとアサとタケとアシ。転じて、多くのものが入り乱れていること。周囲を幾重にも取り囲んでいること。稲麻。
📖アレキセエツフが家の周囲を——と押取り巻き〈徳富蘆花「探偵異聞」〉

にしどち【復蛸】 蛹（さなぎ）の異名。特に、アゲハチョウやスズメガの蛹にいう。指でつまんで「西、どっち」と問うと、答えるように腰から上を振るという。入道虫。西向け。にしどっち。
📖——が蟬になり御蚕様が蛾になるぢやございませんか〈幸田露伴「土偶木偶」〉

ばんか【蕃茄】 トマトの異名。
📖自炊の際——を切りオリーブ油を調味す〈永井荷風「断腸亭日乗」〉

ひょうほう【飄蓬】 風にそよぎひるがえるヨモギ。
📖心は——身は浮塵〈幸田露伴「いさなとり」〉

びろく【麋鹿】 大鹿と鹿。
📖此野に——甚だ多く〈幸田露伴「日本武尊」〉

ひんこう【賓鴻】 遠くより飛び来たったおおとり。また、遠来の旅人を比喩的にいう。
📖——の蘆を啣（ふく）むが如く〈幸田露伴「寝耳鉄砲」〉

へきこ【壁虎】 ヤモリの異名。
📖蛞蝓（なめくじ）と——も亦見ることを欲せざ

るなり〈永井荷風「断腸亭日乗」〉

ほうよく【鵬翼】　おおとりの翼。

📖西郷大久保を其——の下にはぐゝんだ偉大な斉彬島津公〈徳富蘆花「死の蔭に」〉

まんれい【鰻鱺】　うなぎ。

📖晩間銀座に往き尾張町竹葉亭に入りて——を食す〈永井荷風「断腸亭日乗」〉

むぐらもち【土竜】　モグラの異名。

📖あいつはまた地面の底から、——のやうに這ひ出してくる〈萩原朔太郎「肖像」〉

ゆうちょうか【遊蝶花】　パンジー。

📖——を一鉢熊次は病室の慰に買つて来た〈徳富蘆花「富士」〉

ようせん【鷹鸇】　猛禽類のこと。

📖人肉を啄ばまむとする——の嘴を礪ぐ義母は〈幸田露伴「一陣風」〉

らふく【蘿蔔】　ダイコンの漢名。

📖味噌汁の身は豆腐にあらざれば——の千六本〈永井荷風「荷風随筆」〉

りゅうがんにく【竜眼肉】　リュウガンの種子を包む甘い肉質の仮種皮。生で食用とし、また乾燥して鎮静・滋養強壮薬とする。

📖蘭陵の酒を買はせるやら、桂州の——をとりよせるやら〈芥川竜之介「杜子春」〉

ろうぎ【螻蟻】　ケラとアリ。とるに足りないもののたとえ。

📖徒らに俗物——の輩のために苦楚を嘗めんければならぬ場合もあらうから〈幸田露伴「小説家趣向帳」〉

情感

感性・感情にかかわることば

あいきゅう【哀求】 切実に訴えかけること。
📖食物を売って呉れないか…、と僕は――した〈徳富蘆花「思出の記」〉

あいきゅう【哀泣】 悲しんで泣くこと。
📖――して古人に予の不敏累をなせしを謝せん〈幸田露伴「露団々」〉

あいせき【哀惜】 （人の死などを）悲しみ、惜しむこと。
📖空しく鬼籍に入りたることを深く――して〈矢野竜渓「経国美談」〉

あいぜん【藹然】 気持ちがなごやかなさま。
📖米国人の米国を愛する誠実なる感情――として人を動すものあり〈永井荷風「断腸亭日乗」〉

あいそく【哀惻】 悲しみあわれむこと。
📖――の情押え難し〈永井荷風「断腸亭日常」〉

あいでき【愛溺】 好きになって無我夢中になること。溺愛。
📖彼女の肉体に――する心はありながら〈谷崎潤一郎「柳湯の事件」〉

あいどう【哀慟】 悲しみのため、声をあげて泣き叫ぶこと。慟哭（どうこく）。
📖彼の心臓は忽ち正秀の――の声に動かされて〈芥川竜之介「枯野抄」〉

あんい【安慰】 人の心をやすらかにし、なぐさめること。
📖三四郎は此活人画から受ける――の念を失つた〈夏目漱石「三四郎」〉

あんき【安気】 気楽なこと。心配がないこと。また、そのさま。
📖弥張（やっぱり）自分の生れた所が――で可（え）い

〈小栗風葉「青春」〉

あんしゅう【暗愁】 暗い影を帯びた愁い。

📖 ――の影は何処となく彼に伴うて居る〈国木田独歩「富岡先生」〉

あんたん【暗澹】 将来の見通しが暗く、何の希望ももてず悲観的なさま。

📖 人生凡て――たるが如く思はれ〈国木田独歩「欺かざるの記」〉

いい【怡怡】 喜び楽しむさま。

📖 熙熙(きき)として語り――として笑ひ〈東海散士「佳人之奇遇」〉

📖 男女――として生を楽しみしといふ〈幸田露伴「運命」〉

いえつ【怡悦】 たのしみ喜ぶこと。

📖 我が人をして…――せしむべき句ぞと〈森鷗外「即興詩人」〉

📖 一種の愉快と――とを以て少時見守りました〈幸田露伴「露伴雑談」〉

いんきゅう【飲泣】 声を立てずにしのび泣くこと。

📖 ――する者、歯を切(くいしばっ)て俯く者〈徳富蘆花「思出の記」〉

うんじょう【醞醸】 心の中で、ある思いが徐々に大きくなってくること。

📖 不快なる感情の胸中に――する〈徳富蘆花「不如帰」〉

えつぼにいる【笑壺に入る】 笑い興じる。大喜びする。

📖 一同――・つたりして時のうつったのも知らず〈嵯峨の屋お室「初恋」〉

おうおう【怏怏】 不平不満のあるさま。

📖 ――たる顔の色〈二葉亭四迷「浮雲」〉

おうおう【汪汪】 涙をためているさま。
📖——漣々として涙の溢れたり〈幸田露伴「天うつ浪」〉

おうぜん【汪然】 涙が盛んに流れるさま。
📖——として涙は時雄の鬚面を伝った〈田山花袋「蒲団」〉

おうのう【懊悩】 悩みもだえるさま。
📖——として憂(きう)に堪へざらんやうなる彼の容体に〈尾崎紅葉「金色夜叉」〉

おぞけだつ【怖気立つ】 恐ろしさや不気味さでぞっとする。
📖生際(はえぎわ)の抜上り方が、——・つほど厭はしく〈永井荷風「ふらんす物語」〉

おもにくし【面憎し】 顔を見るだけでも憎らしく感じる。つらにくい。
📖すると泰さんは——・い程落着いた顔をして〈芥川竜之介「妖婆」〉

かいかつ【快闊・快豁】 心の広いさま。さっぱりとして物事を気にしないさま。
📖此女元来——な性質(ちた)であるが〈内田魯庵「罪と罰」〉

かいかつ【開豁】 度量の大きいさま。こせこせしていないさま。
📖心胸——にして、論断公平に〈三宅雪嶺「偽悪醜日本人」〉

かいちょう【快暢】 気持ちよくのびのびとしている・こと(さま)。
📖どんなに——な脳髄の人でも〈夏目漱石「文学評論」〉

がいはく【駭魄】 驚くこと。びっくりすること。
📖聞ゐて驚心見て——〈徳富蘆花「思出の

記」〉

かくしゅう【客愁】 旅行中の物思い。旅愁。旅情。

📖――禁じがたし〈永井荷風「西遊日誌抄」〉

かくぜん【赫然】 かっと怒るさま。

📖――と怒気満面に顕はれしも〈須藤南翠「緑簑談」〉

かくぜん【矍然】 びっくりするさま。驚きあわてるさま。

📖散士遽に起て之を見、――容を失ひ〈東海散士「佳人之奇遇」〉

かんこ【歓呼】 喜んで大声をあげること。

📖群衆と共に悦喜し――し〈上田敏「うづまき」〉

かんしん【寒心】 恐ろしいことに遭い、ぞっとすること。

📖惨な言葉が容易く出ると云ふ事は――すべき事である〈与謝野晶子「一隅より」〉

かんだつ【癇立つ】 神経が高ぶっていらいらする。いらだつ。

📖――・つた弱々しい声で〈徳田秋声「黴」〉

かんてんきち【歓天喜地】 非常に喜ぶ・こと(さま)。

📖――の大々的歓迎をなしたか〈徳富蘆花「思出の記」〉

かんぷん【感奮】 心に強く感じて奮起すること。

📖馭者は――して、両眼に熱涙を浮べ〈泉鏡花「義血侠血」〉

きうつ【気鬱】 気分がふさぐこと。気分がはればれしないこと。また、そのさま。

📖ホップスは兎角（とかく）——になり勝で〈若松賤子「小公子」〉

きえつ【喜悦】 心から喜ぶこと。心からの強い喜び。

📖僕大に之を——す〈織田純一郎「花柳春話」〉

きさんじ【気散じ】 気楽な・こと（さま）。

📖下宿の方が——です〈内田魯庵「社会百面相」〉

きしょう【嬉笑・嘻笑】 喜んで笑うこと。

📖——にも相感じ怒罵にも相感じ〈二葉亭四迷「浮雲」〉

きゅうてい【泣涕】 涙を流して泣くこと。涕泣。

📖——するなかれ〈織田純一郎「花柳春話」〉

きょうえつ【恐悦・恭悦】 ひどく喜ぶこと。

📖芸者は平手で野だの膝を叩いたら野だは——して笑ってる〈夏目漱石「坊っちゃん」〉

きょうがい【驚駭】 おそれおどろくこと。驚愕（きょうがく）。けいがい。

📖長足の進歩に——せざるものあらんや〈福沢諭吉「学問ノススメ」〉

きょうき【驚喜】 予想もしなかったよいことに出会い、非常に喜ぶこと。

📖紳士も、意外な処で、といふ——した顔付〈島崎藤村「破戒」〉

きょうねつ【狂熱】 物狂おしいほどの熱情。

📖そこの薄くらがりは僕の——した眼（まなこ）を冷やす〈堀辰雄「不器用な天使」〉

きょき【歔欷】 すすり泣くこと。

📖彼は面(おか)を掩ふて――したり〈木下尚江「火の柱」〉

きんき【欣喜】 非常によろこぶこと。

📖諸有志者を見て――する中にも〈矢野竜渓「経国美談」〉

きんせん【欣羨】 大変うらやましがること。

📖栄達の道を計るが世上の――する所なりとは思はざりき〈福地桜痴「もしや草紙」〉

くかん【苦艱】 苦しみと悩み。難儀。

📖袂を分つはただ一瞬の――なりと思ひしは〈森鷗外「舞姫」〉

くんぜん【醺然】 酒に酔って気持ちのよいさま。

📖――として酔ひ〈中江兆民「三酔人経綸問答」〉

けいぜん【煢然・惸然】 孤独で頼るところのないさま。ひとりでさびしいさま。

📖――として吾独り在り〈尾崎紅葉「金色夜叉」〉

📖窓に凭懸(よりかか)つて、眠るが如く――として控へて居たが〈泉鏡花「軍事通信員」〉

けんえん【倦厭】 あきていやになること。

📖或は恐る両君をして――せしめんことを〈織田純一郎「花柳春話」〉

こりつ【股栗・股慄】 恐ろしさに股がふるえること。非常に恐れおののくこと。

📖藤田は――した〈森鷗外「渋江抽斎」〉

📖強て之を求むれば戦々として――するのみ〈森田思軒「訪事日録」〉

こんちくしょう【此畜生】 相手をののしっていう語。また、腹を立てたり、くやしがったりする時に発する語。

📖――と起き上がって見たが、馳けられない〈夏目漱石「坊っちゃん」〉

さしぐむ【差し含む】 目に涙がわいてくる。涙ぐむ。

📖熱き涙――・みたる両眼を〈幸田露伴「露団々」〉

さたん【嗟嘆・嗟歎】

①なげくこと。嗟咨(さし)。

📖手を束ねて空しく――するばかりなりき〈内田魯庵「復活」〉

②感心してほめること。嗟賞(さしょう)。

📖『成程東京は大(おっ)きうござす』と――する新五を〈徳富蘆花「思出の記」〉

ざんかん【慚汗】 恥じ入って汗が流れること。また、その汗。

📖――背(そびら)を沾(うるお)さしむるに堪へたり〈久米邦武「米欧回覧実記」〉

ざんき【慚愧・慙愧】 自分の言動を反省して恥ずかしく思うこと。

📖我輩常に――するです〈内田魯庵「社会百面相」〉

さんく【酸苦】 酸味と苦味。また、堪えがたい苦しみ。

📖君は碌々といふ言葉の内(なか)に、どれほどの――が入つて居ると考へる〈島崎藤村「破戒」〉

さんさん【潸潸】 涙をはらはらと流すさま。

📖泣倒れて、――たる涙を袂に受け〈須藤南翠「緑簑談」〉

ざんしゅう【慚羞】 恥じて顔を赤らめること。

📖悔悟――して其行を改むるには至らずとも〈坪内逍遥「小説神髄」〉

さんぜん【潸然】 涙を流すさま。

📖――に堪へず〈矢野竜渓「浮城物語」〉

📖――として一掬の涙を紫の袴の上に落した〈夏目漱石「吾輩は猫である」〉

さんび【酸鼻】 ひどく心を痛めて悲しむこと。また、いたましくむごたらしいこと。また、そのさま。

📖わたくしは――に堪へない〈森鷗外「伊沢蘭軒」〉

📖記憶に止つてゐるのは…田之助の――すべき運命である〈上田敏「うづまき」〉

しじょう【至情】 誠心誠意の気持ち。まごころ。

📖僕の英語は決して悪意で使つた訳ぢやない。全く妻を愛する――から出たので、それを妻の様に解釈されては僕も立つ瀬がない〈夏目漱石「吾輩は猫である」〉

しゅうかん【愁環】 愁いや悲しみが環のようにめぐり来たること。

📖――端無で〈尾崎紅葉「多情多恨」〉

しゅうく【愁懼】 悲しみおそれること。

📖涙を隠し――を包み、潔よく彼の門出を送りし〈内村鑑三「基督信徒の慰」〉

しゅうさつ【愁殺】 ひどく嘆き悲しむこと。しゅうさい。

📖郎を思ひ郎を恨んで、遂に其――するところと成る〈島崎藤村「春」〉

しゅうし【秋思】 秋に感ずる、さびしいおもろ。

い。季 秋

📖余に取りては無限の——なり〈国木田独歩「欺かざるの記」〉

しゅうしゅう【啾啾】 すすり泣くさま。うれい泣くさま。

📖——たる鬼哭が聞える〈夏目漱石「趣味の遺伝」〉

しゅうしょう【愁傷】 嘆き悲しむこと。

📖娘二人はいかにも——致しまして〈三遊亭円朝「真景累ヶ淵」〉

しゅんこん【春恨】 春に感じる物悲しさ。春愁。

📖恨でも——とか云ふ、詩的のものならば格別、只の恨では余り俗である〈夏目漱石「草枕」〉

しょうあい【鍾愛】 深く愛すること。とりわけ大事にすること。

📖守雄が——せし品にして〈黒岩涙香「鉄仮面」〉

📖寺の其子は千代丸と名づけられて、玉の如く——された〈徳富蘆花「富士」〉

じょうえん【情炎】 はげしい欲情。

📖それはひとつの——だ　もう水いろの過去になつてゐる〈宮沢賢治「過去情炎」〉

しょうきょう【惝怳】 ①驚いてぼんやりすること。ひどい驚き。

📖道徳を超絶した美の境の——〈小栗風葉「青春」〉

②がっかりすること。失望すること。

📖そんなに憧憬したり——したり〈夏目漱石「吾輩は猫である」〉

しょうはく【衝迫】 心の中につきあげてくるもの。強くわきおこる心の動き。
📖書かなくてはゐられないと云ふ――がなくてはならないとすると〈森鷗外「灰燼」〉

しんあい【信愛】 信用してかわいがること。
📖自分が最も――してゐるたつた一人の人間〈夏目漱石「こころ」〉

しんき【心気・辛気】 心がはればれしないこと。くさくさすること。また、そのさま。
📖不断からえら――な人で、あぢよいつても真(ほん)にしねえだ〈二葉亭四迷「めぐりあひ」〉

しんこ【心湖】 心の中。心底。胸中。
📖――の蕩漾(とうよう)は中々止まぬ〈徳富蘆花「黒潮」〉

しんちょう【心腸】 心の中。心中(しんちゅう)。
📖実に是豪傑の気象、鉄石の――を見わ(あら)せるものならずして何ぞや〈幸田露伴「運命」〉

しんちょう【心跳】 心がおどること。鼓動。
📖我――は常に倍せり〈森鷗外「即興詩人」〉

しんふん【瞋忿】 目をみはって怒ること。
📖嗷嗷(ごうごう)として嫌厭――の声があがつた〈幸田露伴「プラクリチ」〉

ぜいせい【噬臍・噬斉】 ほぞをかむこと。後悔すること。
📖十年を待たずして必ず――の悔あらん〈幸田露伴「運命」〉

せいせつ【凄切】 身にしみてさびしい・こと（さま）。
📖一種言ふべからざる――の調〈森鷗外「即

興詩人」〉

せきあげる【咳き上げる】 悲しみや怒りの気持ちが胸にあふれ突き上げてくる。
📖俄(にわか)に胸が——・げるやうに悲しくなつて〈近松秋江「疑惑」〉

せきくる【急き来る】 (涙や激情などが)こみあげてくる。
📖——・くる涙を胸に湛へて〈黒岩涙香「鉄仮面」〉

せきぜん【戚然】 憂え悲しむさま。
📖——として愁ひ〈幸田露伴「いさなとり」〉

せく【塞く・堰く】 涙の出るのをこらえる。
📖忍音(しのびね)に泣いてゐたのが、——・きかねて〈尾崎紅葉「多情多恨」〉

せつせつ【切切】 音や声がしみじみと人の心を打つさま。また、音や声が細々として絶えないさま。
📖窓間の竹数十竿、相摩戛(まかつ)して声——已(や)まず〈夏目漱石「草枕」〉

ぜっとう【絶倒】
①笑いころげること。
📖一読して殆んど——す〈正岡子規「筆まかせ」〉
②感情が高ぶって倒れるばかりの状態になること。
📖新体を発起して一時の洒落に人を——せしむ〈田口卯吉「日本開化小史」〉

せんせん【羨涎】 うらやましくて垂らすよだれ。非常にうらやましい気持ち。
📖衆口嘖々(しゅうこうさくさく)として云伝へ聞伝へて——を垂れるところのものであつた〈幸

田露伴「骨董」〉

そうりょう【愴涼】 深い悲しみがあって寂しさがつのること。

📖鐸の音につけて——の感がおはしたればこそで〈幸田露伴「日本武尊」〉

そくそく【惻惻】 かわいそうに思うさま。あわれみ悲しむさま。しょくしょく。

📖哀情の——として身に迫るのを感じる〈上田敏「うづまき」〉

ぞっと 強い感動が身体の中を通り抜けるさまを表す語。

📖小春が貴郎(あなた)能くと末半分は消て行く片靨(かたえくぼ)俊雄は——可愛気立ちて〈斎藤緑雨「かくれんぼ」〉

たくらくしつろ【拓落失路】 落ちぶれて失意の底に沈むこと。

📖文三は——の人〈二葉亭四迷「浮雲」〉

たこん【多恨】 恨みの感情が多い・こと〈さま〉。

📖——な眼だ〈有島武郎「或る女」〉

だじゃく【惰弱・懦弱】 積極的に物事をしようとする意気込みをもたないこと。意気地のないこと。気力に欠けること。また、そのさま。

📖世の中が益々——に流れる〈谷崎潤一郎「象」〉

たじょう【多情】 情がこもっていること。また、情が深く感じやすいこと。また、そのさま。

📖実に多思——なる詩に非ずや〈国木田独歩「欺かざるの記」〉

たじょうたこん【多情多恨】 多情なだけに、悔やまれることや恨みに思うようなこともまた多い・こと（さま）。
📖芸術家は本来――だから〈夏目漱石「吾輩は猫である」〉

たんぜん【赧然】 恥じ入って赤面するさま。
📖満顔の羞色は――として恰も前庭の花より紅ひなり〈菊亭香水「世路日記」〉

だんちょう【断腸】 はなはだしく悲しみ苦しむこと。また、そのような悲しみや苦しみ。
📖母と妹とを思ひては――せり〈国木田独歩「欺かざるの記」〉

ちゅうゆう【冲融・沖融】 とけやわらいだ気分が満ちあふれている・こと（さま）。
📖――とか澹蕩とか云ふ詩人の語は〈夏目漱石「草枕」〉

ちょうかい【暢快】 心がのびのびして快い・こと（さま）。
📖徳の一面たる平和――の趣を失はせるだけでも〈幸田露伴「修省論」〉

ちょうたいそく【長大息】 長く大きい息をつくこと。大きなため息。
📖『…借金の方が遥に恐ろしい』かう云つて――した〈谷崎潤一郎「あくび」〉

ていきゅう【啼泣】 声をあげて泣くこと。
📖胸塞り声咽び――する状〈川島忠之助「八十日間世界一周」〉

ているい【涕涙】 なみだ。また、なみだを流すこと。
📖流石の駒井先生も――雨の如く〈徳富蘆花「思出の記」〉

てんき【恬熙】 安らかで楽しい・こと（さま）。
📖上下――で彼の刑措て〈西周「百一新論」〉
📖太平――の楽しきさまに〈幸田露伴「評

釈ひさご」〉

てんぜん【輾然】 大いに笑うさま。
📖母は何故(なにゆえ)だ歟(か)――と笑ひ出した〈嵯峨の屋お室「薄命のすず子」〉

とうせき【悼惜】 人の死をいたみおしむこと。
📖斯くの如く――せらるゝの夫人は〈徳富蘆花「名婦鑑」〉

とたん【塗炭】 非常に苦しい境遇。
📖野蛮の日本人は、衆生済度の教を以て生霊を――に陥れ〈福沢諭吉「学問ノススメ」〉

とんぼく【敦睦】 情愛がこまやかであること。また、睦まじくすること。
📖則ち太子たるものは九族を――し〈幸田露伴「運命」〉

なんじゅう【難渋】 苦しむこと。困ること。また、そのさま。難儀。
📖殺しはてては――なり沈鯨(しもりくじら)と仕なしてては引き揚げ難し〈幸田露伴「いさなとり」〉

ねっちゅう【熱衷】 熱情。衷心よりのまごころ。
📖わが――と論旨をめでて〈坪内逍遥「小説神髄」〉

ねっちょう【熱腸】 怒りや悲しみで腸(はらわた)がにえくりかえる心中。
📖此――が冷されぬ〈二葉亭四迷「浮雲」〉

のうじょう【濃情】 情がこまやかな・こと（さま）。
📖彼女とても、――な土地の女の血を分けた一人である〈島崎藤村「家」〉
📖――で多情な男だけに同情に値する

〈徳富蘆花「死の蔭に」〉

はがん【破顔】 顔をほころばせること。笑うこと。
📖深沈なる荒尾も已むを得ざらんやうに――しつ〈尾崎紅葉「金色夜叉」〉

パセティック【pathetic】 哀れをさそうさま。悲愴(ひそう)であるさま。悲劇的。
📖私はそんな私達の奇妙な日ごと日ごとを一つの異常に――な、しかも物静かな物語に置き換へ出した〈堀辰雄「風立ちぬ」〉

ばんしゃ【万謝】 厚く感謝すること。
📖僕敢て――す〈織田純一郎「花柳春話」〉

ひしょう【悲傷】 痛ましい出来事にあって、深く悲しむこと。
📖誠に――すべきの次第〈染崎延房「近世紀聞」〉

ひぜつ【悲絶】 ひどく悲しむこと。
📖哀傷――するも人ごころ也〈国木田独歩「欺かざるの記」〉

ひふん【悲憤】 悲しみいきどおること。
📖紅涙を泛べ慷慨――せる情態(まさ)は〈須藤南翠「緑簑談」〉

ひみず【火水】 火に焼かれ、水におぼれるほどの苦しみ。
📖僕は敢て――も厭はん〈泉鏡花「風流線」〉

ひりょう【悲寥】 かなしくものさびしそうな・こと(さま)。
📖子供にあるまじき――の色あるを認(したた)めぬ〈徳富蘆花「自然と人生」〉

びんさつ【憫察】 あわれみ思いやること。また、他人が自分の事を察することを敬っていう語。

📖請ふ卿少しく――する所あれ〈菊亭香水「世路日記」〉

びんしょう【憫笑・愍笑】 あわれみ笑うこと。また、あわれみのこもった笑い。

📖吾々の無智不徳遅鈍乱暴を――するのみにして〈福沢諭吉「福翁百話」〉

ぶあい【撫愛】 いつくしみ愛すること。

📖此大川の水に――される沿岸の町々は〈芥川竜之介「大川の水」〉

ぶいく【撫育】 かわいがり大事に育てること。

📖蓋(だけ)し母は己れを――する者にして〈馬場辰猪「天賦人権論」〉

ふきょう【不興】 ①興がわかないこと。しらけること。また、そのさま。

📖お力の中座したるに――して〈樋口一葉「にごりえ」〉

②機嫌の悪いこと。特に、親や目上の人の機嫌をそこねること。また、そのさま。

📖余計な事を、と――な顔をして〈泉鏡花「婦系図」〉

ふしまろぶ【臥し転ぶ】 甚だしい悲しみや喜びでころげまわる。

📖――・びつつ泣きてぞ居る〈坪内逍遥「当世書生気質」〉

ぶぜん【憮然】 ①落胆するさま。

📖昨夜幽明の郷に逝けり……――として大息する〈東海散士「佳人之奇遇」〉

②事の意外さに驚くさま。

📖一たび日本の秋を看るや、忽ちにし

て——自失すること〈志賀重昂「日本風景論」〉

ぶやく【舞躍】 よろこび舞いおどること。

📖旅順の山谷を埋めた我軍勇士の白骨も、此時起(た)って——せしならんか〈桜井忠温「肉弾」〉

プロージット【〔ドイツ〕prosit】 乾杯をしたり、成功を祝するときに言う言葉。乾杯。おめでとう。ばんざい。

📖諸君は吾輩のために乾杯しようというんだな。よしよし、プ、プ、——〈宮沢賢治「ポラーノの広場」〉

ふんぜん【憤然・忿然】 怒るさま。いきどおるさま。

📖——として怒りて曰く〈田口卯吉「日本開化小史」〉

ふんぜん【奮然】 ふるい立つさま。

📖男は——として鉄槌(てっつい)を二振り三振り〈坪内逍遥「慨世士伝」〉

ふんまん【憤懣・忿懣】 いきどおりもだえること。腹が立っていらいらすること。

📖——する如く肩を怒らし〈内田魯庵「社会百面相」〉

ふんれい【忿戻】 かっと怒って人と争うこと。

📖余は当今の学生の——にして詐なるを憎むなり〈永井荷風「断腸亭日乗」〉

べんき【抃喜】 手を打って喜ぶこと。非常に喜ぶこと。

📖——措く能はざるなり〈永井荷風「断腸亭日乗」〉

ぼくぜん【木然】 木石のように感情のないさま。非情なさま。

📖叔母は――として情寡き者の如く〈二葉亭四迷「浮雲」〉

ほたほた うれしげなさま。愛敬を示すさま。

📖合点々々、――笑をこぼしながら甘酒を釜から汲む〈泉鏡花「婦系図」〉

ぼつぜん【勃然】 怒りの表情を表すさま。むっとするさま。

📖打たれて――と怒りを起せし彦右衛門〈幸田露伴「いさなとり」〉

むかむか 感情が急に高まるさま。

📖何だか急に――と釣が好きに成たよ〈三遊亭円朝「怪談牡丹灯籠」〉

むねき【胸気】 不愉快なこと。気にさわること。また、そのさま。むなけ。

📖余り――な事を云はれるとぐうつと癪に触つて〈内田魯庵「くれの廿八日」〉

むねわる【胸悪】 気分が悪くなる・こと〈さま〉。

📖――な空気が家を包むで〈徳富蘆花「自然と人生」〉

めげる 気持ちがくじける。負ける。

📖あまりの暑さに――・げたせゐか、人通りも今は一しきりとだえて〈芥川竜之介「偸盗」〉

もだくだ あれこれと思い乱れるさま。もやくや。

📖唯幸福を得たい、幸福に飽きたいで、――としたのである〈二葉亭四迷「片恋」〉

もだもだ もだえ悩むさま。心にわだかまるものがあるさま。

📖――した胸の悩み〈徳田秋声「黴」〉

📖――と恋しさに思ひ乱れ〈尾崎紅葉「恋

のぬけがら」〉

📖――する心を抱きながら〈幸田露伴「観画談」〉

もやくや 心中のすっきりしないさま。もやもや。

📖又あの事を言ひ出すかと胸の中――して〈樋口一葉「たけくらべ」〉

やんや ほめそやすこと。喝采。

📖何所其所(どこそこ)で――を獲たる自慢〈幸田露伴「五重塔」〉

ゆうえつ【幽咽】 かすかにむせび泣くこと。また、そうしたさまやその音。

📖朝長の答は優美で――である〈幸田露伴「頼朝」〉

ゆうき【遊嬉】 遊び楽しむこと。遊楽。嬉遊。

📖己れを愛撫し己れを――せしむる〈森鷗外「即興詩人」〉

ゆうこう【幽慷】 深く嘆くこと。

📖然り之れ実に哲人の深慨――する処のもの〈国木田独歩「欺かざるの記」〉

ゆうしゅう【幽愁】 深い物思い。深い憂い。

📖――の美に酔ふばかりであつた〈永井荷風「ふらんす物語」〉

ゆうしゅう【憂愁】 うれえもだえること。悲しみなげくこと。うれい。

📖享楽し、――する人間らしき行為言動を〈夏目漱石「文学評論」〉

ゆうじょう【幽情】 奥底の心情。

📖嗚呼哀思――！〈国木田独歩「欺かざるの記」〉

ゆうじょう【有情】 心あること。喜怒哀楽などの感情を有すること。また、そのさま。

📖——なるが故に相聚合し〈坪内逍遥「当世書生気質」〉

ゆうわ【融和】 気持ちが相手と通じ合い、うちとけて仲よくすること。

📖次第に感情を——させられて〈森鷗外「雁」〉

よど【余怒】 あとまで残っている怒り。

📖——まだ収まりきらぬ胸に〈幸田露伴「いさなとり」〉

りしゅう【離愁】 別れの悲しみ。別離の寂しさ。

📖無限の——を抱きつつ、孤笈(こきゅう)飄然として英京に去れり〈芥川竜之介「開化の殺人」〉

りつぜん【慄然】 恐ろしさで身のふるえるさま。ぞっとするさま。

📖代助は——として戦(おのの)いた〈夏目漱石「それから」〉

りょうつ【旅鬱】 旅先で感じる気のふさぎ。

📖身が——を慰め得させよと〈尾崎紅葉「末黒の薄」〉

りんき【悋気】 やきもちをやくこと。男女間の嫉妬。

📖其様(そん)な事に——する私でもなく〈樋口一葉「十三夜」〉

📖——の炎(ほむら)は絶える間は無く〈三遊亭円朝「真景累ヶ淵」〉

れんちゃく【恋着】 忘れられないほど深く恋い慕うこと。

📖往来を通る婦人の七割弱には——するといふ事が〈夏目漱石「吾輩は猫である」〉

れんぼ【恋慕】 恋い慕うこと。

📖若し男児を――することあらば〈織田純一郎「花柳春話」〉

れんれん【恋恋】
①未練の気持ちが強く、思いきれないさま。
📖何ぞや其人爵を排撃したるは…猶天爵に――たるが如きは〈正岡子規「筆まかせ」〉
②恋慕の情を思い切れないこと。
📖先きの愛を回顧――するも〈国木田独歩「欺かざるの記」〉

れんれん【漣漣】 涙がとめどなく流れるさま。
📖汪々――として涙の溢れたり〈幸田露伴「天うつ浪」〉

わきあいぜん【和気靄然】 なごやかな気分がみなぎっているさま。
📖大歓喜に充ちて――たるものがあるから〈二葉亭四迷「其面影」〉

わくせき 心がはやって落ち着かないさま。
📖度を失ふ傍にて女房が気も――〈幸田露伴「五重塔」〉
📖――と気ばかり揉んでも間に合はず〈幸田露伴「風流微塵蔵」〉

わくらん【惑乱】 判断力を失うほど心が乱れること。また、人心や社会をまどわしみだすこと。
📖更に僕を――さする出来事にぶつかりました〈国木田独歩「牛肉と馬鈴薯」〉

わちょう【和暢】 気分がのびのびすること。
📖取敢ず湯を浴て心気――するを覚え〈幸田露伴「客舎雑筆」〉

活動

動作・行動にかかわることば

あっこう【悪口】 人を悪く言うこと。また、その言葉。わるくち。
📖先つき迄迷亭の――を随分ついた揚句こゝで無暗な事を云ふと〈夏目漱石「吾輩は猫である」〉

あやなす【綾なす・彩なす】 うまく扱う。うまく操る。
📖自分の思ふやうに良人を――・して行けないのは〈夏目漱石「明暗」〉

あんき【晏起】 朝遅く起きること。朝寝。
📖――既に午に近し〈永井荷風「断腸亭日乗」〉
📖同窓の友十人にして――するもの七八人なる時は〈幸田露伴「立志に関する王陽明の教訓」〉

いきゃく【委却】 精神から払いのけること。
📖迫害の苦痛を――する為めの便法である〈夏目漱石「野分」〉

いきゃく【遺却】 忘れ去ること。
📖此眸と此瞼の間に凡てを――した〈夏目漱石「三四郎」〉

いし【頤指・頤使】 人をあごで使うこと。
📖金溜器械となつて了る可き運命の人と朝夕共に棲むで、其――する所となるのは〈徳富蘆花「思出の記」〉

いしゅう【蝟集】 ハリネズミの毛のように多くの物が一時に寄り集まること。
📖僕の頭脳には万感――して〈徳富蘆花「思出の記」〉

いただきだち【戴き立ち】 ごちそうになってすぐ辞去すること。食べ立ち。
📖それではあの、――で甚だ勝手なん

ですが〈谷崎潤一郎「蓼喰ふ虫」〉

いちょう【倚重】 たのみにして重んじること。

📖徳望素より隆んにして一時の――するところとなり〈幸田露伴「運命」〉

いっす【揖す】 おじぎをする。会釈する。

📖一言の応答なく――・して将さに去んとす〈織田純一郎「花柳春話」〉

いつび【溢美】 ほめ過ぎること。過賞。

📖天下の勝境と称するも決して――にあらず〈田山花袋「日光山の奥」〉

いつらく【逸楽・佚楽】 気ままに遊び楽しむこと。

📖唯だ――して歳月を送れり〈田口卯吉「日本開化小史」〉

いぶ【慰撫】 人の怒りや不安をなだめ、いたわること。

📖賄賂でも使って――するより外に道はない〈夏目漱石「吾輩は猫である」〉

いりほが【入り穿・鑿】 こまかく詮索しすぎること。

📖其の臆測の――なりしを媿ぢざるにもあらざれど〈尾崎紅葉「金色夜叉」〉

いんけん【隠見・隠顕】 みえたりかくれたりすること。みえがくれ。

📖白い穂が花と葉の間から、――するのを〈夏目漱石「草枕」〉

うちかぶとをみすかす【内兜を見透かす】 相手の内情・弱点を見抜く。

📖――・されねえやうに…〈島崎藤村「破戒」〉

うべなう【諾う】 もっともであると思う。同意する。

📖われは手を揮(ふ)りて――・はざりき〈森鷗外「即興詩人」〉

うまい【味寝】 気持ちよく熟睡すること。古くは、「安寝(やすい)」が単に安眠であるのに対して、男女が気持ちよく共寝することをいった。

📖曽祖母と父は酒を好み玉ふ故――し玉ひ〈正岡子規「筆まかせ」〉

えいけつ【永訣】 永遠に別れること。死別。永別。

📖五十六歳にして夫人に――したれども〈幸田露伴「露団々」〉

おくたく【臆度】 おしはかること。臆測。

📖その誤解を――して、事の真面目(しんめんもく)を告ざるは〈福沢諭吉「文明論之概略」〉

かいこう【開闔】 開くことと閉じること。

📖正面に控えたる妻君は…主人の両顎の離合――の具合を熱心に研究して居る〈夏目漱石「吾輩は猫である」〉

かいこう【邂逅】 思いがけなく出会うこと。めぐりあい。

📖三年振りで――した二人は〈夏目漱石「それから」〉

かいこく【回国・廻国】 諸国をめぐり歩くこと。

📖六十余州を――して〈夏目漱石「草枕」〉

かいらん【解纜】 纜(ともづな)を解いて船出すること。出帆。解帆。

📖明治丸にて、横浜港を――して〈須藤南翠「緑簑談」〉

かきょ【寡居】 一人身で暮らすこと。やもめぐらし。

📖血気未衰の婦人を――せしめて〈福沢

諭吉「福翁百話」〉

かくせい【廓清】 これまでにたまった悪いものを払いのぞききよめること。粛清。

📖胃内――の功を奏したる後又食卓に就き〈夏目漱石「吾輩は猫である」〉

がじょく【臥褥】 （病気などで）床（とこ）につくこと。臥床（がしょう）。

📖今年の初は――にのみ居たり〈依田学海「学海日録」〉

かつごう【渇仰】 （のどのかわいた者が水を欲しがるように）深く仏を信仰すること。転じて、強くあこがれ慕うこと。かつぎょう。

📖今更のやうに讃嘆し、――した〈谷崎潤一郎「飈風」〉

かつもく【刮目】 目をこすってよく見ること。注意して見ること。刮眼。

📖請ふ、――して百年の後を見ん〈北村透谷「文学史骨」〉

かんきゃく【閑却】 いいかげんにしておくこと。

📖生と死との最大問題を――する〈夏目漱石「虞美人草」〉

かんげん【捍言】 しいて言いにくいことを言う。敢えて発言する。

📖異邦の詩人敢て思ふ所を――せん〈織田純一郎「花柳春話」〉

がんしょう【翫賞】 風景・美術品などを味わい楽しむこと。鑑賞。

📖都会に入込んで来る地方人の終に――する所にならず仕舞だつたと〈上田敏「うづまき」〉

かんすい【灌水】 水浴びをすること。

📖関翁は起きぬけに川に――に行かれた〈徳富蘆花「みみずのたはこと」〉

かんすい【鼾睡】 いびきをかいて眠ること。

📖旧時代の形骸の中に――して〈幸田露伴「渋沢栄一伝」〉

かんそう【盥漱】 手を洗い口をすすぐこと。身を清めること。

📖早起――する時より〈森鷗外「即興詩人」〉

かんそく【箝束】 自由のきかないようにすること。束縛すること。

📖自己を――する力〈夏目漱石「吾輩は猫である」〉

きが【帰臥】 官職を辞して故郷に帰り、静かに暮らすこと。

📖とうに御暇を頂戴して無何有郷(むかうのきょう)に――してもいい筈であった〈夏目漱石「吾輩は猫である」〉

ぎが【疑訝】 うたがいあやしむこと。

📖後人をして曲斎に――の眼を向けしむる所以なり〈幸田露伴「評釈冬の日」〉

きかく【鬼嚇】 いかめしい外面で、人々をおそれさせること。

📖敢て市井の銅臭児を――して〈夏目漱石「草枕」〉

ききょ【箕踞】 両足を投げ出して座ること。その形が箕(み)に似ているのでいう。

📖山の上の砂原に――して〈幸田露伴「為朝」〉

きさんじ【気散じ】 心のわだかまりをなくす・こと(さま)。気晴らし。

📖運動がてら、水撒(みずまき)なども――なるべしとて〈福田英子「妾の半生涯」〉

📖天下の浪人と自ら名乗り——な其日々を送るたつきに〈幸田露伴「新学士」〉

きしょう【記誦】 記憶してとなえること。そらんじること。

📖今も尚——せる〈中島敦「山月記」〉

きそう【寄草】 依頼されて雑誌や新聞などに原稿を送ること。寄稿。

📖代助は一度面白いものを——した事がある〈夏目漱石「それから」〉

きっきょう【喫驚・吃驚】 驚くこと。驚天。

📖余が言ふ所を聞き敢て——する勿れ〈菊亭香水「世路日記」〉

きはい【跪拝】 ひざまずいておがむこと。拝跪。

📖助け給へと叫びつつ、…——せり〈森鷗外「即興詩人」〉

きもう【欺罔】 あざむくこと。

📖世を——する〈内田魯庵「復活」〉

きゅうかつ【久闊】 長い間会わぬこと。また、便りをしないこと。無沙汰(ぶさた)。

📖幾年振にお目に懸つて、——の情も未だ尽くさぬのに残念であるが〈小栗風葉「青春」〉

きゅうじゅつ【救恤】 困っている人々を救い、めぐむこと。

📖貧者を——する〈内村鑑三「求安録」〉

きゅうしん【休心・休神】 心を休めること。安心すること。

📖然らば、この世に極端はないとて、一先づ——するもよからう〈中原中也「い

のちの声」〉

きょうおう【響応】 ひびきが声に応ずるように、人の言葉にすぐに従うこと。
📖諸国の大名靡然（びぜん）として――し皆な合一して〈田口卯吉「日本開化小史」〉
📖四方の――を誘発しようといふのであつた〈幸田露伴「渋沢栄一伝」〉

きょうおう【饗応・供応】 酒食を供して他人をもてなすこと。
📖大勢の客を――したりする〈与謝野晶子「一隅より」〉

きょうおう【嚮往】 慕うこと。崇拝すること。
📖皆な私淑する所あり、務めて士風に――せり〈三宅雪嶺「偽悪醜日本人」〉

きょうく【恐懼】 恐れ、かしこまること。
📖剛毅にして――することなき行状〈中村正直「西国立志編」〉

きょうこう【恐惶】 恐れ、かしこまること。
📖良心に逐れて――せる盗人〈泉鏡花「義血侠血」〉

きょうさつ【恐察】 推察することをへりくだっていう語。拝察。
📖皇帝の宸襟（しんきん）こそ、誠に――するに余りがある〈水野広徳「此一戦」〉

きょうじゅつ【矜恤】 あわれみめぐむこと。
📖或は他人より――憐憫を受け〈中村正直「自由之理」〉

きょうしょう【協商】 相談によってある目的にそった取り決めをすること。
📖細君はもう一応――を始める〈夏目漱石「吾輩は猫である」〉

きょうていにひめる【篋底に秘める】 他人の目に触れないように、箱の底深くしまっておく。
📖――・めたる未定稿を売つて〈内田魯庵「復活」〉

ぎょかん【魚貫】 魚が串刺しに連なったように、たくさんの人々などが列をなして行くこと。
📖車三々五々――して過ぐ〈志賀重昂「日本風景論」〉

きょくじん【曲尽】 ことこまかに述べ尽くすこと。委曲を尽くすこと。
📖白居易が…古今の人情を――し〈森鷗外「魚玄機」〉

きょごう【倨傲】 おごりたかぶる・こと（さま）。傲慢(ごうまん)。傲倨。
📖――なる大男焉(かい)でか眼を貪つてゐらるべき〈内田魯庵「社会百面相」〉

きょざ【踞座】 うずくまること。
📖博士は――して彼等を待てり〈森鷗外「即興詩人」〉

きんそく【禁足】 罰として外出を禁ずること。また、その罰。
📖寄宿生は一週間の――になつた上に〈夏目漱石「坊っちゃん」〉

ぐにかえる【愚に返る】 年をとっておろかになる。
📖潤一は――・つたと、親類ぢゅうの物笑ひになるばかりぢやないか〈谷崎潤一郎「親不孝の思ひ出」〉

けいかん【挂冠】 官を辞すること。掛冠。かいかん。致仕(ちし)。
📖次年元日の詩に和して、其引に侯の

――の事を追記した〈森鷗外「伊沢蘭軒」〉

けんたん【健啖】 さかんに食べる・こと（さま）。

📖――なる大兄の胃嚢（いぶくろ）を充たす為には〈夏目漱石「吾輩は猫である」〉

けんつく 荒々しくしかりつけること。とげとげしい言い方をすること。また、その言葉。けんのみ。

📖『うるさいね、知らないてば』と令嬢は第二の――を喰はせる〈夏目漱石「吾輩は猫である」〉

こうけいにあたる【肯綮に中る】 要点をおさえる。急所を突く。

📖実に――・つた剴切（がいせつ）な御考へ〈夏目漱石「坊っちゃん」〉

ごうりゃく【劫掠・劫略】 おびやかして奪いとること。きょうりゃく。

📖殊に法律でさへ保障してゐるやうな範囲内にまで、労働者を搾取し――することは、明かに人間嗜食の一形式だ〈葉山嘉樹「海に生くる人々」〉

こくい【刻意】 心を深く用いること。苦心。腐心。

📖春の感じを――に添へつつある〈夏目漱石「草枕」〉

こすい【鼓吹】 ①励まし、元気づけること。鼓舞。

📖ハイカラ空気を一洗する為め大に蛮勇を――する必要がある〈内田魯庵「社会百面相」〉

②意見を盛んに主張し、他人を共鳴させようとすること。

📖写生文を――する吾輩でも〈夏目漱石「吾輩は猫である」〉

こんが【困臥】 疲れて寝ること。
📖終日――す〈永井荷風「断腸亭日乗」〉

こんきゅう【懇求】 心をこめて願い求めること。
📖我国に救助を――する如きことあらば〈中村正直「自由之理」〉

さいど【済度】 困ったり苦しんでいる境遇から助け出すこと。
📖到底――すべからざる男と〈夏目漱石「吾輩は猫である」〉

ざすい【座睡・坐睡】 いねむりすること。
📖壁に倚(たも)れて――する丈(けだ)だ〈夏目漱石「門」〉

さだ【蹉跎】 つまずくこと。また、ぐずぐずして空しく時を失うこと。
📖嗚乎呉を沼にするの志空く――し〈東海散士「佳人之奇遇」〉

さたん【左袒】 味方すること。
📖管仲蘇張に――して孔孟を擯斥するに非ず〈福沢諭吉「文明論之概略」〉

さてつ【蹉跌】 つまずくこと。失敗し行きづまること。挫折(ざせつ)。
📖出立点から、程遠からぬ所で、――して仕舞つた〈夏目漱石「それから」〉

さぼす【曝す・乾す】 風にあてる。ほす。
📖脱ぎ捨てた着物を――・して呉れたりした〈夏目漱石「彼岸過迄」〉

さみす【狭みす・褊す】 軽蔑する。見下す。軽んじる。
📖小説を――・する者またいへらく〈坪

内逍遥「小説神髄」〉

さんかい【刪改】 詩文の字句を改めたり削ったりすること。

📖唐の書は宋人に――せられ〈森鷗外「伊沢蘭軒」〉

さんじゅん【刪潤】 文章の悪い部分をけずり、いたらない部分を補って、整え飾ること。

📖ハツバス・ダアダアは必ずおのれが――せしを告ぐ〈森鷗外「即興詩人」〉

ざんそ【讒訴】 人を陥れるために悪く告げ口をすること。また、かげぐち。

📖あなたは僕の事を何かお父さんに――しやしないか〈夏目漱石「それから」〉

さんてい【刪定】 文章の不要な所を削り悪い所を整えること。刪正。

📖後年の――を経たもの〈森鷗外「北条霞亭」〉

じかい【事解】 具体的にものごとを理解すること。

📖津田は略小林の言葉を意解する事が出来た。然し――する事は出来なかつた〈夏目漱石「明暗」〉

しかむ【顰む】 眉の辺りにしわがよって、不機嫌な表情になる。しわむ。

📖男等の――みたる顔付を見るに〈森鷗外「即興詩人」〉

じさい【自裁】 自ら生命を絶つこと。自決。

📖邸に火をかけ――の決心〈坪内逍遥「桐一葉」〉

じじ【自恃】 自分自身をたのみとすること。自負。

📖人には――があればよい！〈中原中也「盲

目の秋」〉

じしょく【耳食】 人の説を聞いて、自分ではその是非を考えずに従うこと。

📖金銭づくで貰い物を得ようとする――者流の目をまはさせて居たもので〈幸田露伴「骨董」〉

しじん【澌尽】 つきはてること。滅びつきること。

📖此矛盾は漸く――礱磨して〈夏目漱石「草枕」〉

しそう【指嗾・使嗾】 指図してそのかすこと。けしかけること。

📖順良なる生徒を――して、此騒動を喚起せるのみならず〈夏目漱石「坊っちゃん」〉

したをはく【舌を吐く】 ひどくあきれる。

📖直行は――・きて独語ちぬ〈尾崎紅葉「金色夜叉」〉

じち【自知】 自分のことを自ら知ること。また、自分で知ること。

📖醍醐の妙味を嘗めて言詮の外に冷暖を――するが如し〈夏目漱石「吾輩は猫である」〉

しとく【舐犢】 〈親牛が子牛を愛して舌でなめるように〉親が子を溺愛すること。

📖母牛――の心を以て之を愛重し〈幸田露伴「立志に関する王陽明の教訓」〉

しま【揣摩】 あれこれとおしはかって推量すること。当て推量。

📖父の心意を斯様に――する事を、不徳義とは考へなかった〈夏目漱石「それから」〉

しゃくどく【嚼読】 味わい読むこと。味読。
📖細かに――なすにいたれば頗る隠微の寓意もしられて〈坪内逍遥「小説神髄」〉

じゃくめつ【寂滅】 消えてなくなること。また、死ぬこと。
📖寸燐は…細い烟りを吐いて、すぐ――した〈夏目漱石「草枕」〉

しゃくりゅう【借留】 居候すること。
📖書を蔵する家に遇へば、必ず――し、読み尽して乃ち去る〈森鷗外「渋江抽斎」〉

しゅうこう【収功】 成功をおさめること。
📖製糸場――の時の長官松方正義をして〈幸田露伴「渋沢栄一伝」〉

しゅっこうやび【夙興夜寐】 朝早くから起き、夜はおそく寝ること。日夜勤勉に働くことを言う。
📖――の堅い行儀に若い者をおびやかし〈幸田露伴「修省論」〉

じゅんか【醇化】 余分なものを取り除いて、まじりけのない純粋なものにすること。
📖真と人と合して――一致せる時〈夏目漱石「三四郎」〉

じゅんち【馴致】 なれさせること。なじませて、次第にある状態に達するようにすること。
📖千年万年の間に――された習慣を〈夏目漱石「硝子戸の中」〉

しゅんどう【蠢動】 (取るに足らないものが)こそこそとうごめくこと。
📖此世に生息すべき義務を有して――する者は〈夏目漱石「吾輩は猫である」〉

しょうか【消夏・銷夏】 夏の暑さをしの

ぐこと。暑さしのぎ。季夏

📖瑞西(スイ)の――はおじやんになつた〈徳富蘆花「日本から日本へ」〉

しょうこう【消光】 月日を送ること。

📖面白く半日を――する事が出来るのは〈夏目漱石「吾輩は猫である」〉

しょうごう【嘯傲】 俗事を超越してあそび楽しむこと。

📖紅灯緑酒の間に――して〈幸田露伴「一国の首都」〉

しょうじつ【消日】 日をすごすこと。消光。

📖悴達(せがれたち)から贈る小遣銭を貧困な人の為やなんぞに費すのを――の仕事としてゐる結構の身分のお婆さんであつた〈幸田露伴「望樹記」〉

しょうしんよくよく【小心翼翼】 つつしみ深く、細かい配慮をすること。

📖――謹(つつし)みて守らざる可らず〈福沢諭吉「学問ノススメ」〉

しょうとく【証得】 真理に到達すること。悟りを開くこと。

📖物の本体を――しないものには〈夏目漱石「虞美人草」〉

しょうもく【聳目】 人々の目を驚かせること。

📖一座――して、呼吸(きい)を詰めれば〈泉鏡花「七草」〉

しょくげん【飾言】 言葉で飾り、体裁をつけること。実質以上に飾った言葉。

📖――の余地はない〈中島敦「李陵」〉

じょくしょく【褥食・蓐食】 朝早く寝床で食事をすること。

📖早起――〈徳富蘆花「青蘆集」〉

しょぐる 小便をする。放尿する。

📖あの小便が稍ともすると眼を覘ってー―・ってくる様だ〈夏目漱石「吾輩は猫である」〉

しょけつ【処決】 覚悟をきめること。

📖事情已を得んから――してくれと云はれた〈夏目漱石「坊っちゃん」〉

しんか【秦火】 書物を焼き捨てること。焚書。

📖――に焚かれた楽経は除くとして〈森鷗外「渋江抽斎」〉

しんし【慎思】 よく考えること。

📖必ずや――熟慮して〈幸田露伴「一国の首都」〉

しんしゅく【振粛】 衰えたものをふるい起こし、ゆるんだものを引き締めること。

📖全校の風紀を――しなければなりません〈夏目漱石「坊っちゃん」〉

📖荒廃した一郷を――し〈徳富蘆花「竹崎順子」〉

しんじゅつ【賑恤・振恤】 貧困者・罹災者などに金品をほどこすこと。

📖自ら巨費を投じて大いに――し〈内田魯庵「復活」〉

すいだん【推断】 事態をおしはかり、判断を下すこと。

📖自然の意義を――する〈西田幾多郎「善の研究」〉

すもどり【素戻り】 用事を果たさずに戻ってくること。

📖迎ひのものは――して、寂しげに書状のみ持ちて還りけるが〈尾崎紅葉「三

人妻」〉

せいちゅう【掣肘】 わきから干渉して、自由な行動を妨げること。
📖種々な思慮に――せられずに〈森鷗外「青年」〉

せいどん【生呑】 まるのみにすること。転じて、他人の文章をそのまま盗んで用いること。
📖何の本から――し来つたのか〈徳富蘆花「思出の記」〉

ぜっそく【絶息】 息が絶えること。
📖十四日の午前七時に――した〈森鷗外「渋江抽斎」〉

せんぎょう【瞻仰】
①あおぎ見ること。見上げること。
📖蓋し真誠の詩人は理想境を――するの人にて〈植村正久「自然界の豫言者ウオルズウオルス」〉
②敬い慕うこと。
📖己はお前に万民の――する名誉を与へてやる〈芥川竜之介「バルタザアル」〉

せんめい【闡明】 不明瞭であったことを、はっきりさせること。
📖宇宙の真理を――す可き力を有し〈国木田独歩「欺かざるの記」〉

そうおう【挿秧】 稲の苗を植え付けること。田植え。
📖農婦三三伍々――にいそがはし〈永井荷風「断腸亭日乗」〉

そうする【相する】 物事・人・家・土地などの姿・ありさまをよく見て、その実体を知る。また、吉凶などを判断する。
📖平生から此の男を――・して…と判

じてゐたものだから〈夏目漱石「彼岸過迄」〉

そくてい【速定】 早合点すること。速断。
📖乱入の虞(おそれ)は決してないと——して仕舞つたのである〈夏目漱石「吾輩は猫である」〉

ぞっき【簇起】 次々と起こること。
📖新神学を唱ふるもの〻此の如く——したる時に〈山路愛山「現代日本教会史論」〉

ぞめき【騒き】 浮かれ騒ぐこと。にぎわい。さわぎ。
📖何千何万と云ふ人の——の中に乱れて〈徳富蘆花「思出の記」〉

そんきょ【蹲踞・蹲居】 うずくまること。そんこ。
📖会民は堂外にまで溢れて其の近傍なる公園中に——する者も少からず〈矢野竜渓「経国美談」〉

だい【朶頤】 あごを垂らして、食べようとすること。また、欲しがること。
📖人々の——すべき珍羞(ちんしゅう)であらう〈森鷗外「伊沢蘭軒」〉

たじょう【打成】 一心不乱に一つの事柄を追究すること。だじょう。
📖幾多の雄篇大作は立体的に——されたのであつた〈幸田露伴「渋沢栄一伝」〉

たたる【閉る】 とじる。しまる。
📖入口の唐紙がひとりでに——・る〈夏目漱石「草枕」〉

たてよみ【立て読み】 上手によどみなく読むこと。
📖法華経二十八巻を——に遊ばして〈泉

鏡花「清心庵」〉

ためる【矯める・撓める】 悪い性質やくせなどを直す。矯正（きょうせい）する。

📖――・め難い不親切や残酷心はまさかにあるまい〈夏目漱石「行人」〉

だめをふむ【駄目を踏む】 無駄なことをする。

📖――・んで夜なかに下宿へ帰る程馬鹿気た事はない〈夏目漱石「坊っちゃん」〉

だんあん【断案】 最終的な考えを決めること。また、最終的な考え・案。

📖肴は余程丈夫なものに違ないと云ふ――はすぐに下す事が出来る〈夏目漱石「吾輩は猫である」〉

ちくでん【逐電】 逃げて姿をかくすこと。

📖百金を盗み取つて――いたしましたが〈三遊亭円朝「真景累ヶ淵」〉

ちくよう【蓄養】 力をたくわえやしなうこと。

📖英気を――し、機を見て更に出動する方が〈水野広徳「此一戦」〉

ちし【致仕・致事】 官職を退くこと。致禄。退官。

📖父允成が――して、家督相続をしてから〈森鷗外「渋江抽斎」〉

ちっそく【蟄息】 世俗をのがれてひきこもること。

📖谷中辺の古寺に――して居る身分なのだ〈谷崎潤一郎「あくび」〉

ちんめん【沈湎】 飲酒などにふけり溺れること。すさんだ生活をすること。

📖不幸の域に――する人を救済し〈須藤南翠「緑簑談」〉

ていかい【低回・低徊】 一つの事をつきつめて考えずに、余裕のある態度でいろいろと思考すること。
📖代助は此ヂレンマの間に——した〈夏目漱石「それから」〉

てぐるまにのせる【手車に乗せる】 丁重に扱う。大切にする。
📖——・せて下へも措かぬやうに〈二葉亭四迷「浮雲」〉

てっき【摘記】 要点を抜き出して書くこと。また、その書いたもの。摘録。
📖其中人名のあるものを——することとする〈森鷗外「伊沢蘭軒」〉

てっしょう【徹宵】 ある事をして夜を明かすこと。夜どおし。徹夜。副詞的にも用いる。
📖寂しい——の後に、やつと、待ち設けた眠りを貪(むさぼ)つた〈岩野泡鳴「耽溺」〉

てつめい【啜茗】 茶を飲むこと。
📖——款語二更を過ぎて〈永井荷風「断腸亭日乗」〉

てんしょう【転生】 生まれ変わること。また、生活態度や環境を一変させること。てんせい。
📖明かるい生活に——しようと〈志賀直哉「暗夜行路」〉

てんゆ【諂諛】 こびへつらうこと。阿諛(あゆ)。
📖争ふて——卑劣の風俗に落入り〈坂崎紫瀾「汗血千里の駒」〉

どうは【道破】 はっきりと言い切ること。
📖迷亭が言下に——する〈夏目漱石「吾輩は猫である」〉

とうや【陶冶】 生まれついた性質や才能を鍛

えて練り上げること。
📖吾人の性情を瞬刻に――して〈夏目漱石「草枕」〉

とうよう【蕩揺】 ゆれ動くこと。また、ゆり動かすこと。
📖春は何時(つい)しか私の心を――し始めた〈夏目漱石「硝子戸の中」〉

としをひろう【年を拾う】 年をとる。老齢になる。
📖斯様なお婆さんに成っちゃ終だ……――・ふばかしで〈島崎藤村「家」〉

とまつ【塗抹】 塗りつけること。
📖それから主人は鼻の膏を――した指頭を転じてぐいと右目の下瞼を裏返して〈夏目漱石「吾輩は猫である」〉

どやす どなりつける。
📖主人に見付かると必ず――・される危険があるのみならず〈夏目漱石「吾輩は猫である」〉

どよむ【響む】 多くの人が大声をあげて騒ぐ。どよめく。
📖車上の見物は漸く我に復りて――・めり〈泉鏡花「義血侠血」〉

どんと【呑吐】 呑むことと吐くこと。また、入ったり出たりすること。
📖古来幾億の生命、此自然が――したる現象に非ずや〈国木田独歩「欺かざるの記」〉

ないさい【内済】 表ざたにせずに、内々に事を済ませること。
📖泣付て――を頼で、やっと無事に収まつた〈福沢諭吉「福翁自伝」〉

📖ならう事なら顔迄毛を生やして、こっちのあばたも——にしたい位な所だから〈夏目漱石「吾輩は猫である」〉

にんく【忍苦】 苦しみにたえること。苦痛をこらえること。

📖しかしながら、この永い——は、姉さんにとつて、決して無駄ではなかつたと思ふ〈太宰治「正義と微笑」〉

ねいきょ【寧居】 安心して居住・生活すること。

📖東西に奔走して敢て——することなし〈坂崎紫瀾「汗血千里の駒」〉

ねこあし【猫足】 猫のように音をたてないで歩くこと。また、そのような歩き方。

📖例の如く——にあるいて来て〈夏目漱石「坊っちゃん」〉

ねんさい【燃犀】 物を鋭く見抜くこと。

📖——の眼(まなこ)を放つて、人心の奥の奥までも看破した智力〈上田敏「うづまき」〉

はいすう【拝趨】 相手の所へ出向くことをへりくだっていう語。参上。

📖賀状を以て——の礼に易(か)へ候(そろ)段〈夏目漱石「吾輩は猫である」〉

📖綺羅をかざりて宮廷に——するなどといふことのあるべきでは無いから〈幸田露伴「連環記」〉

はいび【拝眉】 人に会うことをへりくだっていう語。拝顔。

📖委細は——の上申陳(の)ぶべく候也〈内田魯庵「復活」〉

はいをさかしまにす【肺を逆しまにす】 声を限りにさけぶことのたとえ。

📖われは——・してランスロットと呼ぶ〈夏目漱石「薤露行」〉

はつじん【発靭】 車止めをはずして車を動かすこと。転じて旅立つこと。かどで。

📖霞亭——の日には母子が告別に帰つて来た〈森鷗外「北条霞亭」〉

📖蓋し偉大なる宗教も必ずこゝに——し〈幸田露伴「一国の首都」〉

ばつびょう【抜錨】 錨(いかり)をあげて出帆すること。

📖何日(いくか)欧洲を——したるや〈井上勤「月世界旅行」〉

はよう【爬痒】 かゆい所をかくこと。搔痒。

📖隔靴——の憾(うらみ)あらしめ〈高須治助「花心蝶思録」〉

はらにおちる【腹に落ちる】 納得がいく。なるほどと思う。

📖——・ちるやうに言つて聞かせてお呉んなさい〈二葉亭四迷「浮雲」〉

はんえつ【繙閲】 書物を読み調べること。

📖茶山(ちゃざん)の集を——すれば〈森鷗外「伊沢蘭軒」〉

ばんゆう【盤遊】 あちらこちらをめぐり遊ぶこと。楽しみ遊ぶこと。

📖——逍遥に供する園は〈栗本鋤雲「匏菴十種」〉

📖西洋人は外に出て——を楽む〈久米邦武「米欧回覧実記」〉

ひがみみ【僻耳】 聞き違えること。ひがぎき。

📖愛想尽かしと聞取つたのは全く此方(こちら)の——で〈二葉亭四迷「浮雲」〉

ひざくりげ【膝栗毛】 徒歩で旅行すること。

📖一調の番組を勤め済まして、あとを――で帰る途中であつた〈泉鏡花「歌行灯」〉

ひづき【日着き】 その日のうちに到着すること。

📖嶮岨の山道を、楽に――する男〈徳富蘆花「思出の記」〉

ひっこう【筆耕】 写字や清書によって報酬を受けること。

📖僕の為めに十行二十字詰一枚五厘の――を周旋して呉れたのは、君であつた〈徳富蘆花「思出の記」〉

ひぶみ【日文】 毎日、手紙を書くこと。また、その手紙。

📖――を以ての催促〈尾崎紅葉「袖時雨」〉

ひょうしつ【評隲】 批評してただすこと。

📖彼等の思想、言行を――したくなる〈夏目漱石「吾輩は猫である」〉

ひよくよみ【比翼読み】 〈比翼の鳥のように〉一つの本や書類を男女二人で一緒に読むこと。

📖証書は遊佐夫婦の手に渡りて、打拡げたる二人が膝の上に、是ぞ――なるべき〈尾崎紅葉「金色夜叉」〉

ひんそう【品藻】 事物の優劣を論ずること。品評。品隲(ひんしつ)。

📖固より之を――せんとするの意あるにあらず〈永井荷風「麻布襍記」〉

びんらん【紊乱】 乱れること。乱すこと。

📖社会の秩序を――する様な暴挙を〈広津柳浪「蜃中楼」〉

ふえつをくわえる【斧鉞を加える】 文

章に手を入れる。添削する。

📖墓誌は…胥議して——・へた〈森鷗外「渋江抽斎」〉

ふくそう【輻輳・輻湊】 方々からいろいろな物が一か所に集まること。こみあうこと。

📖船舸来て——する地〈森鷗外「伊沢蘭軒」〉

ふくよう【服膺】 常に心にとどめて忘れないこと。

📖其の御意見は厚く——するよ〈須藤南翠「緑簑談」〉

ふげん【誣言】 故意に事実をいつわって言うこと。また、その言葉。誣語。

📖無有の——を構へて人を陥いれんと〈幸田露伴「露団々」〉

ふせい【斧正】 詩文を添削すること。

📖此の論説文を読んで、——を試みよ〈国木田独歩「欺かざるの記」〉

ふでをかする【筆を呵する】 努めて文章をつづる。

📖——・し硯を磨するのも〈夏目漱石「野分」〉

ぶんべい【分袂】 たもとを分かつこと。人と別れること。訣別。

📖大井、小林と——し、新井と共に渡航の途に就き〈福田英子「妾の半生涯」〉

べっけん【瞥見】 ちらりと見ること。ざっと目を通すこと。一瞥。

📖——すると女が四人でテニスをして居た〈夏目漱石「趣味の遺伝」〉

へんげる【変化る】 変わる。また、ばける。

📖是から先何う——・げるか分りやしませんよ〈夏目漱石「門」〉

べんそ【弁疏】 言い開きをすること。いいわけ。弁解。

📖汗を拭（ぬぐ）ひつつ――せり〈木下尚江「火の柱」〉

へんれい【返戻】 返し戻すこと。返却。返還。

📖氏郷の死後に其子秀行へとうとう――したといふ談がある〈幸田露伴「蒲生氏郷」〉

ぼういん【卯飲】 早朝からの飲酒。

📖寄する書に――の語あるを見て〈森鷗外「渋江抽斎」〉

ほうか【放歌】 あたりかまわず大声で歌うこと。

📖隣室のものなどが――するのを聴くと〈夏目漱石「吾輩は猫である」〉

ほかす【放下す・放す】 うち捨てておく。捨てる。捨て置く。うっちゃる。

📖書物を机の上へ――・して〈二葉亭四迷「片恋」〉

ぼっきょ【没去】 死去すること。

📖某の老爺など江戸時代の遺物の――を見る毎（ごと）〈徳富蘆花「思出の記」〉

まじわりをただす【交わりを訂す】 交際する。

📖わたくしが初て帚葉翁と――・したのは〈永井荷風「濹東綺譚」〉

まんぽ【漫歩】 あてもなくぶらぶらと歩くこと。そぞろ歩き。

📖余は獣苑を――して〈森鷗外「舞姫」〉

みとう【味到】 内容などを十分に味わいつくすこと。

📖この感激を知らないものに、どうし

て戯作三昧の心境が――されよう〈芥川竜之介「戯作三昧」〉

もくそう【目送】 その人の方に視線を注ぎながら見送ること。

📖此の目覚(めざま)しき美形の同伴をさへ暫(しば)らく――せり〈尾崎紅葉「金色夜叉」〉

📖婢(おんな)の立ち去るを――しつ〈幸田露伴「めぐりあひ」〉

やくじょう【約定】 約束して決めること。とりきめを結ぶこと。契約。

📖九月から出勤する事に――した〈徳富蘆花「思出の記」〉

ゆうき【誘起】 刺激して発生させること。

📖全身全力を捧げて情緒の――につとめ〈夏目漱石「文学論」〉

ゆうじょ【宥恕】 寛大な心で許すこと。見のがしてやること。

📖長文なれば略して挙ず看官(みるひと)幸ひに――せよ〈染崎延房「近世紀聞」〉

ゆうしょう【遊賞】 自然に遊び、風景を観賞すること。

📖小田原行は――のためで〈森鷗外「伊沢蘭軒」〉

よいね【宵寝】 宵のうちから寝てしまうこと。

📖其の晩ばかりは些(ちっ)との酒で――をした〈泉鏡花「歌行灯」〉

ようかい【容喙】 横から口を出すこと。くちばしを入れること。

📖私の――する限ではないが〈夏目漱石「坊っちゃん」〉

よわいする【歯する】 仲間に加わる。同じ程度にならぶ。

📖家中一同は彼等を…卑怯者として共に——・せぬであらう〈森鷗外「阿部一族」〉

りゅうどく【流読】 一語一語の意味にこだわらず文章を読むこと。

📖生徒の——する間に〈徳富蘆花「思出の記」〉

りょうする【了する】

①おわる。また、おえる。

📖冉々（ぜんぜん）たる如き心持ちで一局を——・してこそ〈夏目漱石「吾輩は猫である」〉

②さとる。了解する。

📖三四郎は翻訳の意味を——・した〈夏目漱石「三四郎」〉

りんしゃ【淪謝】 世を去ること。死去。

📖知人の——し行くは心細きかぎりなり〈永井荷風「断腸亭日乗」〉

ろうき【牢記】 しっかり心にとどめ記憶すること。銘記。

📖心にこれを——してゐた〈森鷗外「渋江抽斎」〉

ろれつ【臚列】 並べること。

📖半滴の気韻だに帯びざる野卑の言葉を——するとき〈夏目漱石「虞美人草」〉

わじゅく【和熟】 仲よくすること。

📖夫婦が——すれば〈内田魯庵「くれの廿八日」〉

わるどい【悪問い】 相手が困るような質問を無理にすること。

📖更に調戯（からか）ふやうな——の歩を進めやうとした〈芥川竜之介「路上」〉

様態・様子

性質・ありさま・様子など

あざらけし【鮮らけし】 肉などが新しく生き生きしている。新鮮である。

📖酒は醇ょし魚は――・し〈**幸田露伴「まき筆日記」**〉

あたじけない けちだ。しわい。

📖なけなしの元手を…高利に廻さうと目論で、――・く拵こしらへ上げた〈**夏目漱石「それから」**〉

アトラクション〖attraction〗 人をひきつける力。

📖両性間の――に於て〈**夏目漱石「それから」**〉

あらたか 神仏の霊験や薬効が著しいさま。いやちこ。あらた。

📖尤も――な観音様だと聞いてをりますから〈**三遊亭円朝「真景累ヶ淵」**〉

あんじょ【晏如】 やすらかで、落ち着いているさま。

📖生計は屹度貧乏である。さうして――としてゐる〈**夏目漱石「三四郎」**〉

あんよう【暗庸】 道理に暗くおろかなさま。

📖時の――な君より遥かに上へに出たる〈**西周「百一新論」**〉

いさみはだ【勇み肌】 威勢がよく、弱きを助け強きをくじく気質。任侠にんきょうの気風。また、そのような気性の人。きおいはだ。

📖あのべらんめえと来たら、――の坊つちやんだから愛嬌がありますよ〈**夏目漱石「坊っちゃん」**〉

いすう【異数】 他に例がないこと。異例。

📖――の取扱ひを受けてゐたのである〈**夏目漱石「道草」**〉

いちれついったい【一列一体】 同類。似たようなもの。また、同じようであるさま。
📖よそ目には――、平等無差別〈夏目漱石「吾輩は猫である」〉

いやちこ【灼然】（神仏の霊験などが）著しいさま。あらたかであるさま。非常にあきらかであるさま。
📖――なる実益あるを知りたるは稀なり〈坪内逍遥「小説神髄」〉

いらいら【苛苛】 光などが刺激するさま。
📖外は猛烈な光で一面に――し始めた〈夏目漱石「それから」〉

いんこう【殷厚】 ねんごろで手厚い・こと（さま）。
📖膠漆（こうしつ）の情の――ならんには〈幸田露伴「天うつ浪」〉

いんこく【陰刻】 陰気で、厳しいさま。
📖――な冬が彼岸の風に吹き払われた時〈夏目漱石「行人」〉

いんじゅん【因循】 ①古い方法・習慣に従って改めようとしない・こと（さま）。
📖君は又――なことを云ではないか〈末広鉄腸「雪中梅」〉
②ぐずぐずして煮えきらない・こと（さま）。
📖雷雨に辟易して、――したかもしれませんヨ〈坪内逍遥「当世書生気質」〉
📖――たる小説家は之を見て警醒せり〈正岡子規「筆まかせ」〉

いんじゅんこそく【因循姑息】 旧習を改めようとしないで、その場しのぎに物事をする・こと（さま）。

📖——に日を送らん〈染崎延房「近世紀聞」〉

うえん【迂遠】 直接役に立たないさま。

📖生活欲に襲はれた不幸な国民から見れば、——の空談に過ぎない〈夏目漱石「それから」〉

うざうざ くどくどとうるさく言うさま。

📖数限りもない声が——と葉子を取捲き始めた〈有島武郎「或る女」〉

うじゃじゃける

①熟したり腐ったりしてやわらかくなって形がくずれる。うじゃける。

📖眼は死んだ魚のやう、…白く——・けてゐる〈志賀直哉「暗夜行路」〉

②姿・服装が見苦しいようすになる。うじゃける。

📖髪も六分通りは白く、顔も——・けてゐたけれど〈徳田秋声「縮図」〉

うとそうそう【烏兎匆匆】 月日のたつのが早いさま。烏飛兎走。

📖——、深仇(しんきゅう)なりし其人も逝き、其武も尽くる時あつて〈川上眉山「ふところ日記」〉

うろん【胡乱】

①疑わしく怪しい・こと(さま)。胡散(うさん)。

📖そんなら、何故忍び込むと云ふ様な——な文字を使用した?〈夏目漱石「吾輩は猫である」〉

②不確実であること。あやふやなこと。また、そのさま。胡散。

📖咄々(とつとつ)、酔漢漫りに——の言辞を弄して〈夏目漱石「吾輩は猫である」〉

えいてつ【瑩徹】 明らかで、すきとおっていること。

📖其隣りは普通一般の湯の由だが是亦以て透明、——抔とは誓って申されない〈夏目漱石「吾輩は猫である」〉

えいまい【英邁】 人格や才知が特別にすぐれている・こと(さま)。英明。

📖恒久の心を以て、学習の功を積まば、必ず聡明——なる人と為るべし〈中村正直「西国立志編」〉

えんてん【宛転】 なめらかで、とどこおりのないさま。

📖——たる嬌音を以て〈夏目漱石「吾輩は猫である」〉

えんてんかつだつ【円転滑脱】 人との応接が角立たず巧みな・こと(さま)。

📖従って——の鈴木君も一寸狼狽の気味に見える〈夏目漱石「吾輩は猫である」〉

えんび【艶美】 あでやかで美しい・こと(さま)。

📖其令嬢の——を想像し〈夏目漱石「吾輩は猫である」〉

えんぴぎょやく【鳶飛魚躍】 万物が自己の本性に従い、自由に楽しむことのたとえ。また、君主の恩徳が広く及んでいること。

📖我知らず——の境界に立って〈幸田露伴「望樹記」〉

えんぷく【艶福】 男が多くの女性にもてること。

📖あのうらなり君が、そんな——のある男とは〈夏目漱石「坊っちゃん」〉

おっつかっつ ほとんど同時であるさま。

📖彼が室の入口に眼を転ずると、殆ん

どー―に、小林は貰ひ立ての外套を着た儘つか〱入って来た〈夏目漱石「明暗」〉

かいい【魁偉】 体格や顔つきが人並みはずれて大きく、立派である・こと(さま)。
📖貌きはめて――なるは〈森鷗外「文づかひ」〉

かいい【瑰偉・瑰瑋】 人格・能力が卓越している・こと(さま)。
📖其詩婉美柔弱、豪壮――の処無く〈幸田露伴「運命」〉

がいせつ【剴切】 ぴったりあてはまること。非常に適切なこと。また、そのさま。
📖実に肯綮(こうけい)に中つた――な御考へで〈夏目漱石「坊っちゃん」〉

がじゅん【雅馴】 文章が上品で穏やかなこと。筆づかいが正しく、練れていること。また、そのさま。
📖高泉の字が一番蒼勁(そうけい)でしかも――である〈夏目漱石「草枕」〉

がぜん【俄然】 にわかなさま。だしぬけであるさま。
📖――として新天地が現前する〈夏目漱石「門」〉

かつぜん【豁然】 疑いや迷いが突然消えるさま。
📖――として此時彼は悟つた〈内田魯庵「罪と罰」〉

かったつ【闊達・豁達】 心が大きく、小さな物事にこだわらないさま。度量の大きいさま。
📖兄と云ふのは寧ろ――な気性で〈夏目

漱石「それから」〉

かっぱつはっち【活潑潑地】 気力にあふれ、きわめて勢いのよいこと。また、そのさま。
📖――に躍動する許(かば)りだ〈夏目漱石「三四郎」〉

がんこうしゅてい【眼高手低】 批評はできても、実際に創作する力のないこと。
📖絶えず――の嘆を抱いてゐる我々に〈芥川竜之介「あの頃の自分の事」〉

がんめいふれい【頑冥不霊】 頑固で無知な・こと（さま）。
📖復古主義とか、――だとか言はれてゐる人達は〈上田敏「うづまき」〉

かんりてんとう【冠履顛倒】 上下の順序が逆なこと。物事が乱れているさま。冠履倒置。

📖高等師範を廃止しろなんと云ふのは、それこそ――だ〈芥川竜之介「あの頃の自分の事」〉

きくつ【鬼窟】 物事をよく知らないでものの道理にくらいこと。また、そういう仲間や、それらの人々の集まっている所。
📖英霊の俊児、亦遂に――裏に堕在して〈夏目漱石「野分」〉

きけい【奇警】 すぐれて賢いこと。言動などが並はずれていること。また、そのさま。奇抜。
📖――なる語を以て形容するならば〈夏目漱石「吾輩は猫である」〉

きたい【危殆】 あやういこと。非常に危険なこと。また、そのさま。危険。
📖――なる小邦を棄てて安穏なる大邦に赴く〈中江兆民「三酔人経綸問答」〉

きたい【希代・稀代】

①世にまれなこと。めったにないこと。また、そのさま。

📖――だ。あれは感心な堅い娘だ〈三遊亭円朝「真景累ヶ淵」〉

②不思議なこと。奇怪なこと。また、そのさま。

📖誠に不思議、これは――だ〈三遊亭円朝「怪談牡丹灯籠」〉

きっきゅうじょ【鞠躬如】 身をかがめて恐れ慎むさま。

📖――としてヘイコラする用人〈内田魯庵「復活」〉

きばたらき【気働き】 気が利くこと。機転。

📖――が有つて、如才がなくつて〈二葉亭四迷「浮雲」〉

きやきや 胃・胸などが鋭く痛むさま。

📖何か胸が――して〈泉鏡花「高野聖」〉

きゅうぜん【翕然】 多くのものが一つに集まり合うさま。

📖えらい人があれば天下――としてその旗下にあつまる〈夏目漱石「吾輩は猫である」〉

きゅうそう【璆鏘】 玉や金属が触れあって美しく鳴りひびくさま。詩や歌の美しいひびきの形容にもいう。

📖琳琅(りんろう)――として鳴るぢやないか〈夏目漱石「吾輩は猫である」〉

きゅうちょう【急調】 調子の早いこと。また、物事の進行の速度のはやいこと。急調子。

📖ベルが――になつて来て、一度中絶するのを、耳を澄まし、肩を張つて待つた〈葉山嘉樹「坑夫の子」〉

きゅうへい【旧弊】 古い考え方やしきたりにとらわれているさま。

📖——な人は是だから困る〈島崎藤村「破戒」〉

きょうきん【恭謹】 礼儀正しくつつしみ深い・こと（さま）。

📖己（おのれ）を銜はず、他（ひと）を貶めず、——にして而も気節に乏からざるなど〈尾崎紅葉「金色夜叉」〉

きょうだ【怯懦】 おくびょうなこと。おじおそれること。また、そのさま。

📖——にして狐疑する〈中村正直「西国立志編」〉

きょくちょく【曲直】 ①まがったこととまっすぐなこと。

📖線の——が此気合の幾分を表現して〈夏目漱石「草枕」〉

②正しいことと不正なこと。

📖真面目に猫を相手にして——を争ふのは如何にも大人気ない〈夏目漱石「吾輩は猫である」〉

きんしつ【琴瑟】 夫婦仲がごくむつまじいことのたとえ。

📖先づあの細君を恭しくおつ立てゝ、——調和して居る所を以て見ると非凡の人間と見立てゝ差支あるまい〈夏目漱石「吾輩は猫である」〉

ぐがい【愚騃】 知恵がなくおろかな・こと（さま）。愚鈍。愚魯。

📖如何に——なる主人と雖（いえど）も〈夏目漱石「吾輩は猫である」〉

📖——の状態を現じ居るべきこと〈幸田

露伴「一国の首都」〉

ぐがん【具眼】 物事の善悪や是非を判断する見識や能力をそなえていること。

📖虚平なる心を有する――の人より之を見れば殆ど堪へがたきものあるべし〈坪内逍遥「小説神髄」〉

📖僕ばかりぢやない。――の士はみんなさう思つてゐる〈夏目漱石「三四郎」〉

くく【煦煦】 暖かいさま。

📖――たる春日に背中をあぶつて〈夏目漱石「草枕」〉

くく【踽踽】 ひとりで行くさま。

📖――として独り行くといふ句に似てゐる〈夏目漱石「虞美人草」〉

📖――然として夕陽の山路や暁風の草径をあるき廻つたのである〈幸田露伴「観画談」〉

くしのはをひく【櫛の歯を挽く】 物事が絶え間なく、次から次へと続く。

📖妹連(いもうとれん)から注進――・くが如し〈泉鏡花「婦系図」〉

くっきょう【究竟】 たいへん好都合な・こと(さま)。

📖手古摺(てこず)つた関係から逃げるには這般(しゃはん)な――な事はない〈内田魯庵「復活」〉

ぐりはま 物事がくいちがうこと。あてがはずれること。

📖かう何も彼も――になつた日にやあ〈幸田露伴「貧乏」〉

けいけい【炯炯・烱烱】 (目が)鋭く光るさま。

📖寝ぼけ眼よりは身分相応の――たる

光を放って居る〈夏目漱石「吾輩は猫である」〉

けいしょう【勁捷】 強くすばやい・こと（さま）。

📖剽疾（ひょうしつ）――なるは洵（まこと）に驚くべし〈永井荷風「断腸亭日乗」〉

げつべつ【月鼈】 月とすっぽん。両者の違いが激しいことのたとえ。雲泥。

📖私も推量したとは――雲泥、天地の相違〈泉鏡花「高野聖」〉

けんぜつ【懸絶】 はなはだしい違いのあること。かけはなれていること。

📖両者の間隔が甚しく――するときは〈夏目漱石「草枕」〉

けんまこくげき【肩摩轂撃】 人や車で往来が混雑するさま。

📖今日不忍池の周囲は――の地となったので〈永井荷風「荷風随筆」〉

ごうが【聱牙】 文字や言葉が難解な・こと（さま）。

📖第一に彼佶屈（きっくつ）――なる漢語を減じて成るべくやさしき国語を用うべきなり〈正岡子規「獺祭書屋俳話」〉

こうかん【浩瀚】 広大なこと。特に、書籍の巻数やページ数の多いこと。また、そのさま。

📖――なる幕末史を編輯して〈与謝野晶子「一隅より」〉

こうぜん【昂然】 自信に満ちて、意気盛んなさま。

📖男は――として行きかかる〈夏目漱石「草枕」〉

こうぜん【亢然】 おごり高ぶるさま。

📖——として好んで人の師たらんとする支考が説の如きは〈幸田露伴「評釈曠野」〉

こうぜんくうご【曠前空後】 これより後にも先にもないような、きわめて珍しいこと。空前絶後。

📖英の詩人弥(ミ)ルトン翁は、——の英才なりしが〈坪内逍遥「当世書生気質」〉

こうばいがはやい【勾配が早い】 判断がすばやい。機転が利く。

📖——・くあしをとりたちまちそこへひきころばす〈仮名垣魯文「西洋道中膝栗毛」〉

こうばこをつくる【香箱を作る】 猫が背中を丸めてうずくまるさまの形容。

📖頸に鈴をさげた小さな白猫が其側に——・つてゐる〈芥川竜之介「老年」〉

ごうはら【業腹】 非常に腹の立つ・こと（さま）。

📖しゃべりまけるなあ——だから〈仮名垣魯文「西洋道中膝栗毛」〉

ここだ【幾許】 たくさん。たいそう。はなはだしく。ここば。

📖花あまりに——つけたる椿の枝ひきずるばかりに垂れにけるかも〈北原白秋「雲母集」〉

こせつく ゆとりがなく、こせこせする。

📖余裕なく——・いてゐる自分と比べて〈夏目漱石「彼岸過迄」〉

ことばつき【言葉付き】 話す時の調子。ものの言いよう。

📖人に強い印象を与える——である〈森

鷗外「青年」〉

ころう【固陋】　古いものに執着し、新しいものを受け入れようとしない・こと（さま）。かたくな。

📖我が儘な——な、人間なんでせう〈谷崎潤一郎「羹」〉

こんぱく【困迫】　こまりはてること。

📖生計日々に——して〈宮崎夢柳「鬼啾々」〉

さいはじける【才弾ける】　りこうである。また、利発ぶってふるまう。

📖田舎娘にしては——・けた顔立ちだ〈高浜虚子「斑鳩物語」〉

さいり【犀利】　頭の働きの鋭い・こと（さま）。

📖愚直なやうで往々——な言語を弄し〈谷崎潤一郎「亡友」〉

さくさく【嘖嘖】　人々が口々に言いはやすさま。

📖評判——たりし当代の佳人〈幸田露伴「風流仏」〉

📖名惣庄屋の評判は——響いて居ました〈徳富蘆花「竹崎順子」〉

さくさく【鑿鑿】　言葉たくみなさま。

📖巌公の論——として皆肯綮に中る〈東海散士「佳人之奇遇」〉

さくぜん【索然】　おもしろみのなくなるさま。興味のうせるさま。

📖興味亦——たるを免れず〈東海散士「佳人之奇遇」〉

📖此刺激を取り去ると——として没趣味なものになつて仕舞ふ〈夏目漱石「吾輩は猫である」〉

さっそう【颯爽】　人の姿・態度・行動がき

りっとしていて気持ちのよいさま。
📖英姿――たる一将軍の〈徳富蘆花「不如帰」〉

ざっぱく【雑駁】 雑然としていて、まとまりのないさま。
📖文明の――なるを知らず、其動くを知らず〈福沢諭吉「文明論之概略」〉

さばける【捌ける】 世慣れていて物わかりがよく、相手に気安い感じを与える。
📖檀那は――・けた方だから、遠慮なんぞなさらないが好い〈森鷗外「雁」〉

しおしお がっかりして元気のないさま。しょんぼり。
📖之れが別れになる事かと――として往きます〈三遊亭円朝「塩原多助一代記」〉

じくじ【忸怩】 自分のおこないについて、心のうちで恥じ入るさま。
📖――たらざることを得ない〈森鷗外「渋江抽斎」〉

ししきゅうきゅう【孜孜汲汲】 飽きることなく努力を重ねるさま。
📖――として其功を奏せし者も〈菊亭香水「世路日記」〉

しじつ【摯実】 まじめで誠実なさま。
📖少しも――の気質がない〈夏目漱石「行人」〉

しじゅん【至純・至醇】 この上なく純粋なこと。少しも混じりけのないさま。
📖些かだにその――なる謙譲の美徳を傷つくるな〈北原白秋「桐の花」〉

しっこしのない【尻腰のない】 意気地がない。根気がない。

📖何てしつこしのねえ、ひよろけた風だ〈泉鏡花「色暦」〉

しゃらく【洒落】 気質がさっぱりしていて、物事にこだわらない・こと(さま)。洒脱。

📖無邪気にも見える。——でもある〈夏目漱石「三四郎」〉

しゅうちょう【繡腸】 詩歌・文章の才能が豊かなこと。

📖——を絞れる惨澹の意匠なるべし〈幸田露伴「評釈冬の日」〉

しゅうねい【執念い】 執着心が強い。執念深い。しつこい。

📖木部の眼は——・くもつきまつはつた〈有島武郎「或る女」〉

しゅうばつ【秀抜】 他のものよりも一段とぬきんでてすぐれている・こと(さま)。

📖決して、——の、すらと高い山ではない〈太宰治「富岳百景」〉

📖共に語り、共にはげまし合ふ事の出来る——のライバルが、うようよゐるかと思つたら〈太宰治「正義と微笑」〉

じゅし【豎子・孺子】 未熟者。青二才。

📖軽薄なる二——の為めに吾校の特権を毀損せられて〈夏目漱石「坊っちゃん」〉

しゅんぐ【蠢愚】 きわめて無知でおろかな・こと(さま)。

📖固陋——なるもの〈福沢諭吉「文明論之概略」〉

📖群衆して居るといへば既にそれは弱小——の者なる事を現はして居る〈幸田露伴「平将門」〉

しゅんけん【峻険・峻嶮】 態度などが厳

格で近づきがたいさま。
📖横風（おうふう）ではあるが毫も——な所がない〈夏目漱石「吾輩は猫である」〉

しゅんしょう【峻峭】 きびしくおごそかなさま。
📖禅の機鋒は——なもので〈夏目漱石「吾輩は猫である」〉

じゅんりょう【淳良・醇良】 かざりけがなく素朴で善良な・こと（さま）。

📖気象台の報告の如きものは正確にして——なる語を用ひざる可らず〈永井荷風「断腸亭日乗」〉

しょうことなし どうしようもないこと。しかたないこと。
📖——に講釈本などを読んで居た〈谷崎潤一郎「あくび」〉

じょうじょう【嫋嫋・裊裊】 音や声が細く長く続くさま。
📖曲は——として次第に興を増した〈内田魯庵「復活」〉

しょうぜん【悄然】 心にかかることがあって元気がないさま。
📖色青ざめて——と立つて居る〈木下尚江「良人の自白」〉

しょうぜん【蕭然】 がらんとしてもの寂しいさま。
📖沈々たる孤灯に対（むか）ひ——として窓下に縫衣す〈菊亭香水「世路日記」〉

しんこう【深厚】 物事のもつ意味や内容がきわめて奥深い・こと（さま）。
📖此世界は三四郎に取つて最も——な世界である〈夏目漱石「三四郎」〉

しんしさくらく【参差錯落】 一様でなく、入りまじっているさま。

📖この――たる趣ありてこそ〈森鷗外「即興詩人」〉

しんしん【岑岑】 頭などがずきずき痛むさま。

📖――たる頭(かしら)を抑へて未来永劫に試験制度を呪詛する〈夏目漱石「三四郎」〉

📖左の手首は折るゝばかり――と痛む〈徳富蘆花「黒潮」〉

じんぜん【荏苒】

①歳月が移り行くままに、何もしないでいるさま。荏染(じんぜん)。にんぜん。

📖――として日を送らば遂に帰るべき機会を失ふ虞ありと〈永井荷風「断腸亭日乗」〉

②物事がはかどらず、のびのびになるさま。

📖執筆意に任せず、――遂に以て今日に至れり〈水野広徳「此一戦」〉

しんねりむっつり 心の中で思っていることをはっきり口に出して言わない陰気な性質のさま。

📖――した少年で〈森鷗外「ヰタ・セクスアリス」〉

📖彼女は多く一人ぼっちで――して居ました〈徳富蘆花「竹崎順子」〉

すじがわるい【筋が悪い】 性質が悪い。たちが悪い。

📖彼(あ)の女は何か――・い女だそうだから〈三遊亭円朝「怪談牡丹灯籠」〉

ずぶしち ひどく酔っていること。また、その人。

📖向ふの客野郎は――・図部八の連中

だから〈坪内逍遥「当世書生気質」〉

ずぶろく ひどく酒に酔うこと。泥酔。また、その人。ずぶ。

📖——に酔って帰ると〈三遊亭円朝「真景累ヶ淵」〉

ずぼら なすべきことをしなかったりしてだらしのないこと。きちんとしていないこと。また、そのさま。

📖君の——にも困るな、校長か教頭に出逢ふと面倒だぜ〈夏目漱石「坊っちゃん」〉

ずるずるべったり けじめをつけないで、その状態が続くさま。

📖三人が話しながら、——に歩き出したものだから〈夏目漱石「三四郎」〉

せいがん【霽顔】 晴れやかな表情。はればれした顔。

📖——を見せた事も無い〈二葉亭四迷「浮雲」〉

せいどう【生動】 書画などが生き生きとして動き出しそうに見えること。

📖わが感じたる物象を…画布の上に淋漓として——させる〈夏目漱石「草枕」〉

せつぜん【截然】 区別などがはっきりしているさま。

📖自己と他人の間に——たる利害の鴻溝(こうこう)がある〈夏目漱石「吾輩は猫である」〉

せんぜい【蟬蛻】 俗世間から超然としていること。蟬脱。

📖濁世の汚穢を被り容易に之を——することは能はず〈織田純一郎「花柳春話」〉

そうけい【蒼勁】 筆跡や文章が枯れていてし

かも力強い・こと(さま)。
📖高泉の字が一番――で〈夏目漱石「草枕」〉
そうぜつ【双絶】 二つながら比類なくすぐれていること。
📖白鳥氏は秋声氏と共に、…――の名に価するものであらうと思ふ〈芥川竜之介「大正八年度の文芸界」〉
そつぜん【卒然・率然】 あわてるさま。
📖襖の音に、女は――と蝶から眼を余の方に転じた〈夏目漱石「草枕」〉
だいじざい【大自在】 少しの束縛・障害もなく、全く自由なこと。
📖――の妙境に達してゐる〈夏目漱石「夢十夜」〉
たくらくふき【卓犖不羈】 他よりすぐれていて、何ものにも束縛されないこと。

📖幼より――、好で兵を談じ〈東海散士「佳人之奇遇」〉
ちめい【知名】 名前が世間によく知られている・こと(さま)。
📖現今――な文学博士〈夏目漱石「吾輩は猫である」〉
ちゅうみつ【稠密】 多くの人家・人間などがある地域に密集している・こと(さま)。
📖人家の――する日本橋区の中央(まんなか)へ〈末広鉄腸「花間鶯」〉
ちょうちょうどうどう【喋喋呶呶】 よどみなくべらべらとしゃべりたてるさま。
📖――文壇の閲歴を語り〈永井荷風「断腸亭日乗」〉
ちょうまい【超邁】 他よりはるかにすぐれていること。

📖好んで――を宗として〈夏目漱石「吾輩は猫である」〉

ちょこざい【猪口才】 小生意気な・こと（さま）。そのような人をもいう。

📖何と云ふ――だらう〈夏目漱石「坊っちゃん」〉

ちょこりん 小さくなってかしこまっているさま。ちょこなん。

📖田の中に――と一個立つた茅葺のが其れで〈徳富蘆花「思出の記」〉

ちをはらう【地を掃う】 何も残らないですっかりなくなってしまう。

📖江戸の美風は――・つて〈幸田露伴「一国の首都」〉

つくねんと ひとりぼっちで何もせず、ぼんやりしているさま。

📖お政は独り――長手の火鉢に凭れ懸って、斜に座りながら〈二葉亭四迷「浮雲」〉

つむじまがり【旋毛曲（が）り】 性質がねじけていて素直でない・こと（さま）。そのような性質の人をもいう。

📖幸にして主人の様に吾輩の毛を稍ともすると逆さに撫でたがる――の奇特家が居つたから〈夏目漱石「吾輩は猫である」〉

てんしがとおる【天使が通る】 会話や座談がとぎれて皆が沈黙し、気まずくしらけることをいう。

📖雪江さんも黙つて了ふ、松も黙つて了ふ。何処でか遠方で犬の啼声が聞える。所謂――・つたのだ〈二葉亭四迷

「平凡」〉

てんしょう【天縦】 生まれながらにすぐれていること。

📖武略——、実に当り難きの人であったが〈幸田露伴「努力論」〉

てんてんはんそく【輾転反側】 (思い悩んで)眠れず寝返りばかり打っていること。

📖良心に責められて——する度に〈内田魯庵「社会百面相」〉

てんわ【恬和】 静かで穏やかなこと。

📖年々歳々、気象——〈三宅雪嶺「真善美日本人」〉

どうあく【獰悪】 性質や姿かたちが凶悪で、荒々しい・こと(さま)。

📖——なる夜叉の顔を〈夏目漱石「幻影の盾」〉

とうぜん【蕩然】 なすがままであるさま。また、しまりがなく、ゆるやかなさま。

📖懦弱の人は、其心——として帰するところなく〈中村正直「西国立志編」〉

とことわ【常永久】 永久に変わらない・こと(さま)。永久不変。

📖海の上への風にまじりて——に過ぎゆく如く……〈中原中也「老いたる者をして」〉

とぼん (「とほん」とも)気ぬけしたさま。ぼんやり。ぼうぜん。

📖——と法師の顔を見上げますと〈芥川竜之介「竜」〉

とんちんかん【頓珍漢】 物事のつじつまが合わないこと。行き違ったりちぐはぐになったりすること。また、そのさま。

📖そんな——な、処分は大嫌です〈夏目

漱石「坊っちゃん」〉

とんま【頓馬】 言動に抜けたところのある・こと（さま）。そのような人をもいう。まぬけ。
📖何処かにおどけた――な処があつて〈谷崎潤一郎「幇間」〉

なだい【名代】 評判が高いこと。名高いこと。また、そのさま。
📖竜閑橋や、――な橋だがね〈夏目漱石「草枕」〉

なめ【無礼】 無礼なさま。
📖されど――なる言葉を咎め玉はず〈森鷗外「うたかたの記」〉

ねざし【根差し】 （根が張るように）物事がしっかりと定着すること。
📖因襲といふものの――の強さを感じた〈森鷗外「青年」〉

📖国語の長所短所と云ふものは、斯くの如くその国民性に深い――を置いてゐるのでありますから〈谷崎潤一郎「文章読本」〉

はいぜん【沛然】 盛大なさま。
📖国家の大計を論ずるや、――として禦(ふせ)ぐ可からず〈東海散士「佳人之奇遇」〉

はくい【白い】 （主に容貌が）良い。美しい。
📖第一、容貌が――・いぢやありませんか〈小杉天外「初すがた」〉

はしこい 動作がすばやい。機敏である。敏捷(びんしょう)だ。機転がきく。はしっこい。
📖智慧に――・き幸助を傍に寄び私(ひそ)かに其の意見を聞くに〈黒岩涙香「鉄仮面」〉

はららぐ【散らぐ】 ばらばらになる。
📖塊まった土をも寒気で――・がせ〈幸

田露伴「生れ」〉

はんか【半可】 未熟であること。中途はんぱ。生はんか。

📖——の英語でぺらぺらと〈夏目漱石「坊っちゃん」〉

ばんきょ【盤踞・蟠踞】

①しっかりと根を張って動かないこと。

📖老松の——する辺〈田山花袋「日光山の奥」〉

②広い土地に勢力を張って、そこを動かないこと。

📖異分子の…政府部内に——するあれば〈北村透谷「文学史骨」〉

ばんこく【万斛】 分量がはかりきれないほど多いことにいう語。

📖僕は君に——の同情を寄せてゐる〈二葉亭四迷「平凡」〉

ひきん【卑近】 日常的で手近なこと。俗っぽいこと。また、そのさま。

📖突然——な実際家となつて〈夏目漱石「明暗」〉

びぜん【靡然】 なびき従うさま。特に、多くの者が同じ傾向をもったり、同じ行動をとったりするさま。

📖当時の医流にして苟も気概ある者は、——として実学の風に帰せざるはなく〈福沢諭吉「福翁百余話」〉

ひそまる【潜まる】 外から見えないようになる。

📖如何な不了簡が——・つてゐるかも知れぬ〈二葉亭四迷「浮雲」〉

ひたぶる【頓・一向】 もっぱらそのことに集中するさま。いちず。ひたすら。

📖幾条(いくすじ)の銀箭(ぎんせん)が斜めに走るなかを、――に濡れて行くわれを、われならぬ人の姿と思へば〈夏目漱石「草枕」〉

びび【娓娓】 くどくどしいさま。念入りなさま。

📖思ひ籠めた様に――として叡山を説く〈夏目漱石「虞美人草」〉

ひゃくせつふとう【百折不撓】 幾度失敗しても志をまげないこと。

📖君の如きは――、千磨不屈、実に大丈夫といひつべし〈正岡子規「筆まかせ」〉

ひょういつ【飄逸】 世の中の事を気にせず、のんきな・こと(さま)。

📖何とも云へぬ――な表情〈谷崎潤一郎「幇間」〉

びょうぜん【眇然】 こまかいさま。小さいさま。とるに足りないさま。

📖英吉利(イギリス)の新式な頭は、――たる『過去』の前に落ちた〈夏目漱石「虞美人草」〉

📖甲野さんは――として天地の間に懸つてゐる〈夏目漱石「虞美人草」〉

ふき【不羈】 自由奔放で束縛しえない・こと(さま)。

📖傲慢――なる性は、これを父より貰ひたり〈島崎藤村「春」〉

ふぎり【不義理】 義理を欠く・こと(さま)。

📖そんな――な事は人様に対しても出来かねます〈夏目漱石「虞美人草」〉

ふけんしき【不見識】 見識に欠けること。しっかりとした判断力や意見をもっていないこと。また、そのさま。

📖げいしやの沽券もさがつたがいまで

はおきやくも――だよ〈仮名垣魯文「安愚楽鍋」〉

📖主任の癖に向から来て相談するなんて――な男だ〈夏目漱石「坊っちゃん」〉

ふこ【浮誇】 軽々しくて内容がないこと。はでおごっていること。

📖自分の優越を示す――の心から〈夏目漱石「明暗」〉

ぶざつ【蕪雑】 雑然としていてととのっていない・こと(さま)。

📖都府の言語――なれば〈幸田露伴「一国の首都」〉

ふじつ【不実】 真心がなく、情愛に欠けること。不誠実であること。また、そのさま。

📖――な性質(たち)ではないから、大丈夫だけれど〈夏目漱石「三四郎」〉

ふそくふり【不即不離】 二つのものの関係が深すぎもせず、離れすぎもしないこと。

📖調子を合はせる様な弁護をする様な――の妙答をする〈夏目漱石「吾輩は猫である」〉

ふってい【払底】

①物がすっかり無くなること。また、非常に少なくなること。

📖近頃はトチメンボーの材料が――で〈夏目漱石「吾輩は猫である」〉

②ほとんどないさま。

📖世間は曠いやうでも――なものは、それ金銭(かね)と美人(よきおんな)〈尾崎紅葉「男ごゝろ」〉

ふにょい【不如意】 経済状態が苦しいこと。やり繰りがつかないこと。また、そのさま。

📖さらぬだに――なる、活計が〈坪内逍遥「当世書生気質」〉

ぶにん【無人】 人がいないこと。人手が足りないこと。また、そのさま。

📖些と来てゐて世話をして上げたいのだけれど、内も――でね〈尾崎紅葉「多情多恨」〉

ふんぱん【噴飯】 ばかばかしくて、思わずふき出して笑うこと。

📖其忠信孝悌を説く顔つきのまじめさを見て殆ど――せんと欲す〈正岡子規「病牀譫語」〉

ふんぷん【芬芬】 においの強いさま。多くよい香りにいうが、悪臭にもいう。

📖酒気を――と匂はせつつ〈黒岩涙香「鉄仮面」〉

ぶんらん【紊乱】 みだれること。みだすこと。

📖家門――して〈福沢諭吉「福翁百話」〉

べきぜん【冪然】 おおいかぶさるさま。

📖――たる爆発物が抛げ出されるか〈夏目漱石「虞美人草」〉

へぼ 下手なこと。つたないこと。また、そのさま。そのような人をもいう。

📖田舎巡りの――絵師ぢやあるまいし〈夏目漱石「坊っちゃん」〉

へん【盼】 目もとが美しいさま。

📖――たる美目に魂を打ち込むものは〈夏目漱石「虞美人草」〉

へんてつ【変哲】 変わっていること。普通と違うこと。また、そのさま。

📖奇妙奇体こんな――なことがまたと世の中にあるものか〈植木枝盛「民権自由

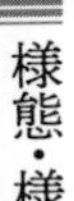

論」〉

へんぱ【偏頗】 考え方や立場などが一方にかたよっていること。不公平なこと。また、そのさま。

📖何方(どちら)を贔負(ひいき)するなんて、――な考は有(も)つてませんわ〈小杉天外「魔風恋風」〉

ほうし【放恣・放肆】 勝手気ままで乱れている・こと(さま)。

📖あまりに露骨で、あまりに――で、且あまりに直線的に濃厚なのを平生から怪んでゐた〈夏目漱石「それから」〉

ぼうだ【滂沱】

①涙がとめどなく流れるさま。

📖君を懐ふて涙――たり〈東海散士「佳人之奇遇」〉

②水・汗などが激しく流れ落ちるさま。

📖馬背の流汗――として掬すべく〈泉鏡花「義血侠血」〉

ほうふつ【髣髴・彷彿】 よく似ている・こと(さま)。

📖恰も飛鳥の空を翔るに――たり〈川島忠之助「八十日間世界一周」〉

まんこう【満腔】 体じゅうに満ちていること。また、体全体。満身。

📖主人が――の熱誠を以て髯を調練して居ると〈夏目漱石「吾輩は猫である」〉

みょうがにあまる【冥加に余る】 ありがた過ぎてもったいないほどである。

📖――・つて嬉しいと思ひますが〈三遊亭円朝「真景累ヶ淵」〉

みるめかぐはな【見る目嗅ぐ鼻】 地獄

の閻魔(えんま)の庁にあるという、男女の頭を上に載せた幢(はたほこ)。よく亡者の善悪を判別するという。世間の耳目のうるさいことをたとえていう語。

📖――でございますに因つて、虚気(うっかり)呼棄てに出来るわけではございませんが〈泉鏡花「続風流線」〉

むいかのあやめ【六日の菖蒲】 時期後れで役に立たないこと。このあと、「十日の菊」と続けても言う。六日のしょうぶ。のちのあやめ。

📖今更どのやうにお詫をしたとて、――、十日の菊〈坪内逍遥「当世書生気質」〉

むじゃき【無邪気】 深い考えのない・こと(さま)。

📖身に落ちかかる災を知らぬとすれば――の極(きわみ)である〈夏目漱石「草枕」〉

むちょう【無腸】 節操のないこと。腹がすわっていないこと。

📖――の男は薩長政府に取入つて〈徳富蘆花「黒潮」〉

むてっぽう【無鉄砲】 どうなるか先のことをよく考えず強引に事を行う・こと(さま)。むこうみず。

📖親譲りの――で小供の時から損ばかりして居る〈夏目漱石「坊っちゃん」〉

めんけん【瞑眩】 目まい。

📖只見てさへも――しさうな人間〈夏目漱石「虞美人草」〉

めんよう【面妖】 不思議なこと。奇妙なこと。また、そのさま。めんよ。

📖はて――な〈泉鏡花「高野聖」〉

もうろう【朦朧】

①かすんではっきりと見えないさま。おぼ

ろげなさま。

📖――たるが中に、只一点輝くものあるは、黄金の十字架なり〈島村抱月「囚はれたる文芸」〉

②物事のはっきりとしないさま。

📖誰が読んでも――として取り留めがつかないので〈夏目漱石「吾輩は猫である」〉

もくしょうのかん【目睫の間】 きわめて接近していること。

📖この許多の景物――に聚まりたれば〈森鷗外「舞姫」〉

もっけい【黙契】 暗黙のうちに互いの意志が一致すること。また、そうしてできた約束。

📖相互に守るべく――した〈夏目漱石「虞美人草」〉

ももける 紙などがけば立つ。

📖私の日記帳の表紙は、――・け易い奉書に胡粉を塗つたやうな紙なので〈谷崎潤一郎「鍵」〉

やくたいもない【益体もない】 何の役にも立たない。つまらない。また、とんでもない。

📖くだらぬ、――・い事に拘かかわつて〈二葉亭四迷「浮雲」〉

やぶさか【吝か】 ためらうさま。思いきりの悪いさま。

📖民衆も天才を認めることに――であるとは信じ難い〈芥川竜之介「侏儒の言葉」〉

ゆういみ【有意味】 意味がある・こと（さま）。

📖お互の胸に強く――に感じた〈伊藤左千夫「野菊之墓」〉

ゆうえん【幽遠】 物事の神髄が奥深く知り尽

くせない・こと(さま)。
📖微妙――なる人生の要求を〈西田幾多郎「善の研究」〉

ゆうげき【幽闃】 寂しく静かな・こと(さま)。
📖――のあなた、遼遠のかしこへ一分毎に消えて去る〈夏目漱石「草枕」〉

ゆうこん【雄渾】 (書画・詩文などが)力強く、勢いがあって雄大な・こと(さま)。
📖高逸――なる頌歌を吟ぜり〈上田敏「希臘思潮を論ず」〉

ゆうぜん【翛然】 物事にとらわれないさま。
📖無辺在に浮き出す薄き雲の――と消えて入る大いなる天上界の間には〈夏目漱石「虞美人草」〉

ゆうよう【悠揚】 ゆったりとしてこせこせしない・こと(さま)。
📖卅分程先生と相対してゐると心持が――になる〈夏目漱石「三四郎」〉

ゆごう【癒合】 傷がなおって、傷口がふさがること。離れていた皮膚や筋肉が付着すること。
📖創口を――するものは時日である〈夏目漱石「門」〉

よう【杳】 暗くてはっきりしないさま。はるかなさま。はっきりわからないさま。
📖十月にも筆をとらず、…つい紙上へは――たる有様で暮して仕舞つた〈夏目漱石「彼岸過迄」〉

ようぞく【庸俗】 平凡でありきたりなこと。また、その人。
📖普通と云ふと結構な様だが、普通の極平凡の堂に上り、――の室に入つ

たのは寧ろ憫然の至りだ〈夏目漱石「吾輩は猫である」〉

ようちょう【杳窕】 はるかに遠いさま。

📖心は――の境に誘はれて〈夏目漱石「虞美人草」〉

よざとい【夜聡い】 夜中に目を覚ましやすい。めざとい。

📖妙子は常から人一倍――・く〈谷崎潤一郎「細雪」〉

らんこう【闌更】 夜がふけること。また、深夜。

📖――至つて月ますく佳し〈永井荷風「断腸亭日乗」〉

らんだ【懶惰・嬾惰】 なまけおこたる・こと(さま)。らいだ。

📖――な生活を送つた報ひに〈谷崎潤一郎「蓼」〉

りきゅうこうじゅう【裏急後重】 下痢で、排便後またすぐに便意をもよおす状態。渋り腹。

📖それが此の病気の特長やわ、――云ふやないか〈谷崎潤一郎「細雪」〉

りゅうこう【流光】 光陰の移りゆくこと。月日のたつこと。

📖五年の――に、転輪の疾ときき趣を解し得たる婆さんは〈夏目漱石「草枕」〉

りんり【淋漓】 ①水・血・汗などのあふれしたたるさま。

📖汗は――として満面に滴る〈徳富蘆花「不如帰」〉

②勢いがあふれ出ているさま。

📖物象を…画布の上に――として生動させる〈夏目漱石「草枕」〉

るいらん【累卵】 危険な状態にあることをたとえていう語。

📖邦家――の急を拯(くす)ひたる爾(じなん)忠勇の霊〈水野広徳「此一戦」〉

れいそく【蠡測】 ひさごで海水の量をはかること。転じて浅知恵で大事を知ろうとすること。

📖愚昧浅学を以て管見――を逞くせば〈幸田露伴「元時代の雑劇」〉

ろうそう【踉蹌】 よろめくさま。蹌踉。

📖心地死ぬべく――として近づき見れば〈尾崎紅葉「金色夜叉」〉

📖亢々然と行くものもあれば、――として行くものもある〈幸田露伴「連環記」〉

ろうもう【老耄】 おいぼれること。また、その人。

📖異聞奇譚を、――せずに覚えて居てくれればいい〈夏目漱石「趣味の遺伝」〉

ろもう【鹵蒙】 おろかで道理にくらいこと。

📖行(おこない)――を極め濫費益々多く〈内田魯庵「文学者となる法」〉

わるあせ【悪汗】 たくさん汗をかくこと。また、その汗。

📖むっと雲が蒸して…――が浸(じに)むやうな、其暮方だった〈泉鏡花「夜釣」〉

わるえんりょ【悪遠慮】 相手を不愉快にさせるほど過度に遠慮すること。

📖紙に包みたるを出せば、――して手にだに触れず〈尾崎紅葉「心の闇」〉

わるていねい【悪丁寧】 必要以上に丁寧である・こと(さま)。

📖くどくしく――なるに〈幸田露伴「天うつ浪」〉

論理・抽象

単位・時間・文法（副詞など）・人称など

あたし【私】 一人称。「わたし」よりややくだけた言い方。主に女性が用いる。
📖——に貴姉(あなた)のことを聞て来て呉れろつて〈国木田独歩「二少女」〉

あまつさえ【剰え】 好ましくない状態が重なるさま。そればかりか。そのうえに。おまけに。
📖お国と姦通し、——…中川で殿様を殺さうといふ〈三遊亭円朝「怪談牡丹灯籠」〉

いかん【以還】 ある時点よりあと。以後。以来。
📖一千八百三十年より——の有らゆる奄撃(えんげき)に一として与さゞることなく〈森田思軒「探偵ユーベル」〉

いちだんし【一弾指】 指を一度はじく程度のわずかな時間。一弾指頃(きょう)。いったんじ。
📖うれしとおもふ——の間に、口張りあけて笑はずば、後にくやしくおもふ日あらむ〈森鷗外「うたかたの記」〉

いちばい【一倍】 ある数量を二つ合わせた数量。二倍。倍。
📖結婚後の楽しみは、独身の淋しき時よりも——して尚ほ余りあれば〈福沢諭吉「福翁百話」〉

うせい【迂生】 一人称。多くは手紙などで、男子が自分をへりくだっていう。小生。愚生。
📖——近年多忙なるに〈染崎延房「近世紀聞」〉

えいよ【嬴余】 あまり。残り。よぶん。
📖しからば本年諸出費を算して、全額五百円の——ありといふべし〈依田学海「学海日録」〉

おうじつ【往日】 過ぎ去った日。むかし。昔日。
📖また——の郊外にあらずして〈幸田露伴「一国の首都」〉

おうせき【往昔】 遠い昔。往古。おうじゃく。
📖——銭屋の一族処刑せられし時〈永井荷風「断腸亭日乗」〉

かえってとく【却説】 接続詞的に用い、前文を受けて話題を転換するのに用いる。さて。話かわって。きゃくせつ。
📖——源ちゃんは町中の暗がりに羽織を着込んだが〈泉鏡花「湯島詣」〉

かくげつ【客月】 先月。前月。後の月。
📖——吾家に避難せしお栄を迎へ〈永井荷風「断腸亭日乗」〉

かこく【過刻】 さきほど。先刻。
📖——永田町まで行て帰つたばかりだから〈須藤南翠「緑簑談」〉

かどかど【廉廉】 それぞれの箇所。部分部分。
📖帰つてから其文句の——を諳んずるにつけて罪恐しく〈斎藤緑雨「油地獄」〉

かめい【下名】 一人称。自分をへりくだっていう語。わたくし。
📖何卒——まで御通知被成下度〈坪内逍遥「当世書生気質」〉

きほう【貴方】 二人称。同等の相手を敬っていう語。貴下。貴君。
📖——の都合により、弊家へ来臨あらん事〈坪内逍遥「自由太刀余波鋭鋒」〉

きみがた【君方】 二人称。「きみ（君）」の複数形。あなたたち。あなた方。君たち。
📖意志丈は決して——に負けはせん〈夏

目漱石「吾輩は猫である」〉

きゃくせつ【却説・卻説】 話題を改めるために文頭におく言葉。「さて」「そこで」の意。中国の通俗小説で用いられた。

📖点灯の事を命ず。——す。然(さ)なきだに秋宵の寥寂たるや〈菊亭香水「世路日記」〉

きょうじつ【頃日】 このごろ。ちかごろ。

📖——、当地小説熱盛んにして〈高浜虚子「俳諧師」〉

きょうじつ【竟日】 一日中。終日。

📖——柳北の『日誌』を写す〈永井荷風「断腸亭日乗」〉

きょげつ【去月】 先月。

📖——下旬俄かに帰り来れる時〈徳富蘆花「不如帰」〉

きょしゅん【去春】 去年の春。昨春。

📖伊香保の山で——見たあの紅い桜が咲いて〈徳富蘆花「富士」〉

くうり【空理】 実際とかけはなれていて、役に立たない理論や理屈。

📖けれどもその論旨の一部は、単なる言語上の——を争ふにすぎない〈萩原朔太郎「自由詩のリズムに就て」〉

ぐでん【愚殿】 二人称。「貴殿」をもじって、ひやかしの意をこめて相手の男性に対して用いる語。

📖と、おいひなさる——はどうだ〈坪内逍遥「当世書生気質」〉

ぐへん【愚辺】 二人称。へりくだって自分や身内をいう語。

📖——も兼て知らるゝ如く〈坪内逍遥「当

〈世書生気質」〉

けいじつ【頃日】 このごろ。ちかごろ。また、先日。

📖——伝ふる者有り、曰く…〈東海散士「佳人之奇遇」〉

けちりん （下に打ち消しの語を伴って）ほんの少し。わずか。

📖——も疑はねえ〈泉鏡花「草迷宮」〉

けつ【頁】 助数詞。文献などの紙面を数えるのに用いる。ページ。

📖序跋を併せて二十七——〈森鷗外「伊沢蘭軒」〉

こうせん【洪纖】 大きいものと小さいもの。大きいことと小さいこと。大小。

📖濃淡の陰、——の線を見出しかねる〈夏目漱石「草枕」〉

ごうはつ【毫髪】 ほんの少し。ごくわずか。毫末。毫毛。

📖高尚の品行に於ては、——もあらざるなり〈中村正直「西国立志編」〉

こうら【公等】 二人称。あなたがた。諸君たち。

📖のっぺらぼうに卒業し去る——日本の大学生と〈夏目漱石「三四郎」〉

ごうり【毫釐・毫厘】 きわめてわずかなこと。ごうりん。

📖——も他の可能性を許さない〈西田幾多郎「善の研究」〉

ごか【午下】 午後。昼すぎ。

📖夏の日の——〈永井荷風「断腸亭日乗」〉

ごけい【吾兄】 二人称。主に手紙文で、男性が親しい友人に対して敬意をもって用いる。貴兄。

📖──も年よればかくなり候を思召〈森鷗外「伊沢蘭軒」〉

ごじん【吾人】 一人称。われわれ。われら。

📖──は人間に生命ある事を信ずる者なり〈北村透谷「内部生命論」〉

さいだい【細大】 細かいことと大きいこと。巨細(こさい)。

📖校内のことは──共に知れ渡つてゐる〈夏目漱石「こころ」〉

さようしからば【左様然らば】 そうであるならば。それならば。

📖──顔を洗つて出直しませうかな〈夏目漱石「吾輩は猫である」〉

ざんねん【残年】 残りの生命。余命。

📖今は年老たれば其子の行末を頼りに──を楽(たのしみ)ける〈高山樗牛「滝口入道」〉

じ【児】 一人称。親などに対して子供が自分のことをいう語。わたくし。

📖──は不幸にして未だ良師を得ません〈森鷗外「魚玄機」〉

しかいう【然言う】 文章末尾などにおき、上述のとおりという意を表す。

📖理りに因(よ)って──・ふのさ〈七杉子「西洋道中膝栗毛」〉

しかく【然く・爾く】 そのように。そんなに。

📖──平気な男も時々は歓楽の飽満に疲労して〈夏目漱石「門」〉

じご【爾後】 その後。それ以来。副詞的にも用いる。

📖──奸人も亦詭計を用ゐて〈矢野竜渓

「経国美談」〉

じそう【爾曹】 二人称。対等の人、またはそれ以下の人に対して用いる。なんじら。

📖然らば平安の神――と偕ならん〈国木田独歩「欺かざるの記」〉

しっかい【悉皆】

①一つ残らず全部。ことごとく。

📖不利な所は――取除いて〈二葉亭四迷「浮雲」〉

②（下に打ち消しの語を伴って）全然。まったく。

📖一人歩行（ある）き して来るなど――ためしのなき事なるに〈樋口一葉「十三夜」〉

しゃり【這裏】 この中。このうち。この間（かん）。

📖――の消息は会得できる〈夏目漱石「吾輩は猫である」〉

しゅうこ【終古】 きわめて長い年月。永遠。

📖精神は――一なり、然れども人生は有限なり〈北村透谷「文学史骨」〉

しゅうごう【秋毫】 きわめてわずかなこと。少し。いささか。

📖――も国に益することなくして〈福沢諭吉「学問ノススメ」〉

しゅうさい【終歳】 一年中。年中。

📖全国の男児は――馳駆（ちく）して金円を逐（お）ひ〈福沢諭吉「文明論之概略」〉

しゅうねん【終年】 一年の初めから終わりまでの間。一年中。

📖蚕を飼ふては南部紬を織り、それで――の生計を立てる〈徳富蘆花「寄生木」〉

しゅくや【夙夜】 朝早くから夜遅くまで。一日中。また、あけくれ。

📖汝――心を尽し思を焦し〈染崎延房「近世紀聞」〉

しゅゆ【須臾】 少しの間。しばし。

📖――にして車はサンタガタに抵（たい）りぬ〈森鷗外「即興詩人」〉

じゅんいつ【純一】 まじりけのない・こと（さま）。

📖現実に満足し之に――なる時は〈西田幾多郎「善の研究」〉

しゅんそく【瞬息】 わずかのま。瞬間。

📖此――に於て神会黙契されけるなり〈泉鏡花「義血侠血」〉

📖――の間に其快い夢を破つて仕舞ふ〈二葉亭四迷「浮雲」〉

しょうけい【少頃】 ちょっとの間。しばらく。

📖――にして沸々と熱し〈谷崎潤一郎「麒麟」〉

しょうし【小子】 一人称。自分をへりくだっていう語。小人。小生。

📖――近頃閑暇の折柄、二三の小説を繙読して〈坪内逍遥「当世書生気質」〉

しょうじ【霎時】 ほんの少しの間。

📖両軍相ひ当ること――の後ち〈矢野竜渓「経国美談」〉

📖一――たりと雖も、予をして安坐せざらしむるを如何〈芥川竜之介「開化の殺人」〉

じょうじゅう【常住】 いつも。たえず。つねづね。

📖父が――歎いたを子供の頃より聞知つて居りました〈樋口一葉「にごりえ」〉

しょうじょうのさ【霄壌の差】 非常に大きな相違。雲泥（うんでい）の差。

📖発音相似て而も意味に――あり〈二葉亭四迷「其面影」〉

じょじつ【除日】 大みそか。

📖かくて夜のあくれば其の年の――なれば〈永井荷風「断腸亭日乗」〉

じょじょう【如上】 前に述べたこと。上述。前述。

📖我々は…此意味に於て――の自信と決心とを有し〈夏目漱石「三四郎」〉

じょせき【除夕】 おおみそかの夜。除夜（じょや）。

📖銀座通――の賑ひを見むと〈永井荷風「断腸亭日乗」〉

じらい【爾来】 それ以来。その後。

📖愈（いよいよ）本雇ひに為し――段々引立て軍曹とまで登らせ〈黒岩涙香「鉄仮面」〉

しんせき【晨夕】 夜明けと夕暮れ。あさばん。朝夕。

📖――の華水（けいすい）を供するを事とするもの〈幸田露伴「露伴雑談」〉

すえしじゅう【末始終】 将来ずっと。行く末長く。

📖夫婦でも、――和合するとは限らないんだから〈夏目漱石「明暗」〉

すんいん【寸陰】 わずかな時間。

📖――を惜んでの刻苦勉強に学業の進みも著るしく〈二葉亭四迷「浮雲」〉

せいへい【生平】 ひごろ。ふだん。平生。

📖是れ皆画家が――揮灑（きさい）せる所のもの〈二葉亭四迷「肖像画」〉

📖――の渇望を慰したいと申出した〈幸

田露伴「骨董」〉

せき【積】 大きさ。ひろさ。
📖代助の歩く——はたんと無かつた〈夏目漱石「それから」〉

せきしゃ【昔者】 むかし。過去。昔日。往時。昔時。
📖——ルクレエテイウス羅馬の祖神を頌して…といふ〈上田敏「希臘思潮を論ず」〉

せきすん【尺寸】 きわめて少ないこと。わずかばかり。しゃくすん。
📖——の手伝(てつだい)もして居らぬではないか〈夏目漱石「吾輩は猫である」〉

せんこ【千古】 遠い昔。おおむかし。太古。また、太古から現在にいたるまでの間。
📖内部の生命は——一様にして〈北村透谷「内部生命論」〉

そうけん【創見】 今までだれも考えつかなかったような考え。独創的な学説。
📖堅く自分はその——と真実を信じ切つてる〈萩原朔太郎「詩の原理」〉

ぞうじてんぱい【造次顛沛】 とっさの場合や危難の迫った場合。わずかの間。
📖——にもかれらの取締法を研究して置かんとナ〈内田魯庵「復活」〉

そうてん【早天】 早朝。
📖翌九日の——に江刺を向て襲ふの体に〈染崎延房「近世紀聞」〉

そしょう【素商】 秋の異名。
📖時恰も——の候に属し〈菊亭香水「世路日記」〉

そつじながら【卒爾ながら】 人に声をかけたり、物を尋ねたりするときに言う語。突然で失礼だが。

📖――此者の申す通り〈黒岩涙香「鉄仮面」〉

そったく【啐啄】 得難いよい時機。

📖受授が情を異にし――が機に違えば〈幸田露伴「平将門」〉

だいこう【乃公・迺公】 一人称。男子が自分のことをいう語（尊大な言い方）。我が輩。おれさま。

📖天下の眠をさまさんもの――を除いてまた何処にかある〈坪内逍遥「当世書生気質」〉

たいや【逮夜】 葬儀の行われる前夜。また、忌日の前夜。

📖けふは川田甕江が一周年の忌日の――にて、子鷹より招状ありてゆく〈依田学海「学海日録」〉

たいれい【頽齢】 老い衰えた年齢。老齢。

📖彼の――や病なども或は彼の人生観を暗いものにしてゐたかも知れない〈芥川竜之介「続文芸的な、余りに文芸的な」〉

たれびと【誰人】 不定称の人代名詞。なんという人。なんぴと。

📖――にも見出し得ぬ訳だ〈夏目漱石「吾輩は猫である」〉

ちゅうしょう【抽象】 事物や表象を、ある性質・共通性・本質に着目し、それを抽き出して把握すること。その際、他の不要な性質を排除する作用（＝捨象）をも伴うので、抽象と捨象とは同一作用の二側面を形づくる。

📖意味或は判断の中に現はれたる者は原経験より――せられたるその一部であつて〈西田幾多郎「善の研究」〉

ちゅうせき【疇昔】 過去のある日。昔。また、昨日。
📖江戸の繁盛――の比にあらず〈幸田露伴「一国の首都」〉

てい【底】 「…の」「…のような」「…の程度の」の意を表す。また、被修飾の体言を省略して用いられることもある。
📖人間社会に於て目撃し得ざる――の伎倆で〈夏目漱石「吾輩は猫である」〉

ていご【亭午】 日が南中すること。転じて、正午。まひる。
📖日も――のころ起出でゝ洗湯に入る〈永井荷風「断腸亭日乗」〉

てんしゅん【転瞬】 まばたきすること。非常に短い時間のたとえ。
📖――の間に君の隠袋(ポケツト)の裏に移転してしまつたんだぜ〈夏目漱石「明暗」〉

てんで （多く打ち消しの語を伴って）はじめから考えてみるまでもないさま。まったく。てんから。慨嘆や侮蔑の意味合いを伴う。
📖自分のした事が云へない位なら、――仕ないがいい〈夏目漱石「坊っちゃん」〉

とうてい【到底】 つまるところ。結局。ついに。
📖ええ、――辞職もんでせう〈夏目漱石「それから」〉

とぼとぼごろ【とぼとぼ頃】 日没の時間。日の暮れる頃。
📖お延は日の――に宅へ帰つた〈夏目漱石「明暗」〉

とやこう いろいろ。あれこれ。とやかく。

📖――と思ひ煩ふうち〈森鷗外「舞姫」〉

ないこう【乃公】 「だいこう〈乃公〉」に同じ。

📖――関せず焉と済まし込み〈内田魯庵「社会百面相」〉

なへん【那辺・奈辺】 不定称の指示代名詞。多く、抽象的な場所や不明の位置などを指し示すのに用いる。どのあたり。どこ。

📖其主趣が――に存するか殆んど捕へ難いからである〈夏目漱石「吾輩は猫である」〉

にちご【日後】 ある日のあと。後日。

📖施設は眼前を意とすべからず、――を慮るべし〈幸田露伴「一国の首都」〉

にちにち【日日】 毎日。ひび。副詞的にも用いる。

📖――人知れず腐心してゐる〈森鷗外「雁」〉

にちにちやや【日日夜夜】 毎日毎晩。

📖――の散財〈樋口一葉「たけくらべ」〉

にちらい【日来】 ふだん。ひごろ。

📖夜来、――に面目を新たにするものぢや〈夏目漱石「虞美人草」〉

ねんしょ【年所】 年月。歳月。

📖相当の――をさへ経たなら、過去の記憶に煩ひされるところなく〈谷崎潤一郎「蓼喰ふ虫」〉

ねんらい【年来】 何年も前から続いていること。長年。副詞的にも用いる。

📖彼は――東京の空気を吸つて生きてゐる〈夏目漱石「門」〉

のうじ【曩時】 さきのとき。昔。往時。曩日。

📖――の姿猶存せり〈徳富蘆花「名婦鑑」〉

ばんきん【輓近】 近ごろ。最近。近年。
📖――は顔色も憔悴して〈坪内逍遥「当世書生気質」〉

ばんげ【晩げ】 晩方。夕方。晩景（けいばん）。
📖前の日曜日の――なんぞは〈坪内逍遥「当世書生気質」〉

ばんこ【万古】 遠い昔。また、大昔から今まで。千古。永久。永遠。
📖吾は――蒼然たる墳墓の上に立つなり〈国木田独歩「欺かざるの記」〉

ふじつ【不日】 多くの日数を経ないこと。近いうちにの意で、多く副詞的に用いる。
📖――着荷する事と思つてゐます〈有島武郎「或る女」〉

ふんごう【分毫】 ほんのわずか。寸毫。
📖――も放縦ならしめざらん〈中村正直「西国立志編」〉

ふんりん【分厘】 ごくわずかであること。
📖――の価値も無しと〈樋口一葉「たけくらべ」〉

へいとう【平頭】 端数のないきりのよい数。ちょうど。
📖蘭軒は――三十であつた〈森鷗外「伊沢蘭軒」〉

へんじ【片時】 ほんのわずかな時間。かたとき。
📖――も安き心は無く〈泉鏡花「義血侠血」〉

ほうこん【方今】 ちょうど今。現在。現今。副詞的にも用いる。
📖――の書生の情態〈坪内逍遥「当世書生気質」〉
📖――目撃する所の勢に由て〈福沢諭吉

「学問ノススメ」〉

まいさい【毎歳】 毎年。
📖――帰省するを例としてゐて〈森鷗外「伊沢蘭軒」〉

まいまい【毎毎】 そのたびごと。いつも。
📖――御噂を致して居ります〈夏目漱石「吾輩は猫である」〉

まんごう【万劫】 一万劫の意で、きわめて遠大な年月のこと。
📖――立っても洒落たことの成らう見込はなし〈幸田露伴「七変化」〉

みょうたん【明旦】 あすの朝。明朝。
📖妾等が前途の計画も亦――に非らざるを知り〈東海散士「佳人之奇遇」〉

めた 程度がはなはだしいさま。めたと。やたらに。むやみに。

📖父さんが――甘やかすもんだから〈島崎藤村「破戒」〉

ゆめさら【夢更】 〈下に打ち消しの語を伴って〉少しも。夢にも。
📖――御心配なされますな〈樋口一葉「暗夜」〉
📖不足を言ったんぢや――ねえんで〈泉鏡花「起誓文」〉

よさり【夜さり】 夜になったころ。夜分。特に、今夜・今晩の意を表すこともある。副詞的にも用いられる。ようさり。
📖時雨(しぐ)れた――は〈泉鏡花「歌行灯」〉

よすがら【終夜】 一晩中。夜どおし。夜もすがら。
📖――両個(ふたり)の運星蔽(おお)ひし常闇(とこやみ)の雲も晴れんとすらん〈尾崎紅葉「金色夜

又」〉

よはい【余輩】 一人称。わたくし。われ。また、われわれ。
📖決して疑ふ可き事にあらざるなりと、——が信ぜざるを得ず〈坪内逍遥「当世書生気質」〉

わい【私】〈主として関西地方で〉一人称。わし。
📖今晩——どもと同伴して〈坪内逍遥「当世書生気質」〉

わたい【私】 一人称。主として、東京下町の女性などが、心やすい人との対話などで用いる。近世後期には、芸娼妓などが用いた。あたい。
📖——なぞへは御心配をかけないんですよう〈坪内逍遥「当世書生気質」〉

わろう【和老】 二人称。老人に対し、親しみをこめて呼びかける語。
📖委細は——承知の筈〈坪内逍遥「桐一葉」〉

あ

い

う

き

五十音索引

く

こ

㋚

し

す

せ

た

ち

な

に

ふ

ほ

ま

み

む

め

も

や

ゆ

よ

ら